Spotlights

Bibelworte auf den Punkt gebracht
von Manfred Bletgen

D1734744

1. Auflage 2002
© 2002 Buch & Musik, Buchhandlung und Verlag des ejw
ejw-service GmbH
Grafische Gestaltung und Satz: Atelier Uli Gutekunst, Nürtingen
Illustrationen: Uli Gutekunst, Nürtingen
Herstellung: St Johannis-Druckerei, Lahr
ISBN 3-932595-46-7 (ejw)
ISBN 3-7655-1294-x (Brunnen)

Spot-lights

Bibelworte auf den Punkt gebracht

von
Manfred Bletgen

Vorwort

Andachten „werden gehalten". Als wenn sie nicht selber stehen könnten!
Was man „nur mal so angedacht", aber nicht „gut ausgedacht" hat, wirkt oft nur wie ein
Andenken. Ein religiöses Souvenir aus vergangenen Zeiten.
Denkste! Die andächtig ausgedachten Texte von Manfred Bletgen müssen nicht „gehalten" werden, die stehen für sich. Mitten im Leben. Und sehr aufrecht. Weil sie erlebt,
erlitten, erfahren wurden. Gesprochen, vorgetragen, im öffentlich-rechtlichen und privaten Rundfunk gesendet wurden. Es sind nicht einfach blumige Gedanken über Gott und
die Welt, sondern „Bibelworte auf den Punkt gebracht", und zwar auf den springenden
Punkt. Auf den Knackpunkt. An dem sich eine andere Meinung bildet, eine neue Haltung
entscheidet, ein ganze Lebenseinstellung ergibt.
Manfred Bletgen ist aus Erfahrung davon überzeugt, dass die Bibel nicht irgendwelche,
sondern u n s e r e Geschichten erzählt. „Du kommst auch drin vor!" – dies will er bewei-
sen. Indem er von sich erzählt, von Menschen, die er kennenlernte, von biblischen Figuren
und Szenen, die ihm und uns etwas zu sagen haben.
Seine Texte sind weder umfängliche Bibelarbeiten noch verschnörkelte Predigten, sondern: Andachten. Spotlights. Schlaglichter auf Alltagsszenen und Sonntagsgedanken.
Dass er dabei immer einen und nicht zwei oder mehrere rote Fäden verfolgt, dass er dabei
schmunzeln kann über sich und die Menschen – das macht die vorliegenden Texte lie-
benswert. Lesenswert. Hörenswert. Weil sie erst gesprochen und dann aufgeschrieben
wurden, sollte man sie am besten vorlesen. In Kirchen-Bistros und Gemeinde-Cafés, in
Jugendclubs und Hauskreisen, im Gottesdienst und vor der Gemeinderatssitzung. Überall da, wo Menschen Unterstützung gebrauchen können. Hilfe erhoffen. Gehalten werden
möchten. Von Andachten, die aus der Bibel kommen, zu Herzen gehen und im Leben
stehen.

Andreas Malessa

Gebrauchsanweisung

Wie? Ist das ein Druckfehler? Braucht man denn zu einem „Andachtsbuch" eine Gebrauchsanweisung?
Eigentlich nicht, liebe Leserin, lieber Leser. Aber weil „Spotlights" ein Lesebuch für den persönlichen Gebrauch sein will und zugleich ein Vorlesebuch, vielleicht auch für manche ein Arbeitsbuch, wollten wir doch noch einige Tipps geben. Denn das, was wir möchten ist, dass Bibelworte wirklich auf den Punkt gebracht werden.

Ihr persönliches Lese- und Andachtsbuch.
Für ein Jahr, jede Woche ein Bibelwort. Man kann über solch ein Wort auch eine ganze Woche nachsinnen, es betrachten.

Andachten zum Vorlesen.
In Jugendkreisen, Chören, Sportgruppen, auf Freizeiten oder Wochenendandachten.

Arbeitsbuch.
Die Hälfte der Andachten sind mit Cartoons von Uli Gutekunst unterstrichen oder ergänzt.
Diese Cartoons können herauskopiert werden. Die Teilnehmenden bekommen das Bild in die Hand. Wenn die Gruppe zu groß ist, kann man auch eine Folie erstellen. Man braucht dann allerdings einen Tageslichtprojektor.
a) Die Leute erst einmal schauen lassen, was sie sehen und entdecken, reden lassen.
b) Den Bibeltext lesen. Die Leute sagen lassen, welche Verbindung sie zwischen Cartoon und Bibeltext herstellen.
c) Die Andacht kann mit eigenen Gedanken ergänzt oder so wie sie im Buch steht, vorgelesen werden.

Die Cartoons sind urheberrechtlich geschützt. Wenn Sie sie nicht in Verbindung mit diesem Buch nutzen wollen, bitten wir Sie, dies nur mit Genehmigung des Verlages zu tun.

Nun wünschen wir Ihnen und euch ganz einfach viel Spaß beim Gebrauch und den Segen Jesu Christi.

Manfred Bletgen und Uli Gutekunst

Und
Gott sah an
alles, was er
gemacht hatte,
und siehe, es war
sehr gut.

1. Mose 1,31

Hi, es ist schön, dass es dich gibt

Es war morgens immer die gleiche Leier bis Marc in die Gänge kam. Der Bus um halb sieben schon knallvoll. Ausgerechnet heute war ein Rückstau schon vor der Autobahnauffahrt. An diesem Morgen war er wohl der letzte, der die Treppe in der Schule raufhechelte. Mit einem mürrischen „Entschuldigung" hockte er sich auf seinen Stuhl.

Geometrie war angesagt. Von vorne kam irgend etwas, was er nicht verstand. Marc hatte seine Tasche erst gar nicht aufgemacht. Dafür waren seine Gedanken aus dem Unterricht abgewandert. Zurück zu dem gestrigen Abend. Peter und Tomy hatten ihre Motorräder nach der Winterpause wieder angemeldet und ernteten von allen die Bewunderung. Er stand nur überflüssig herum. Er hatte einfach die Kohle nicht. Von daheim war nichts zu erwarten. Sein Vater saß auf einem gefährdeten Arbeitsplatz, hieß es, dann die Rückzahlungsraten für das Haus. Es war einfach alles beschissen und damit war er out. Er war für die Clique überflüssig.

Marc hatte das Pausenzeichen völlig überhört. Erst als Sabine ihn stupste: „Hi, es ist schön, dass es dich gibt! Kommst du nicht mit in die Pause?"

Er latschte wie besoffen die Treppe runter. „Hi, es ist schön, dass es dich gibt." Dieser Satz schwirrte ihm durchs Hirn. Für Marc war ein Lichtstrahl in seine ausgefranste Seele gefallen.

Hi, es ist schön, dass es dich gibt. Ich bin jemandem wichtig. Das ist ein Lichtblick für den, der es sagt und für den, der es gesagt bekommt.

Ähnliches wird in der Bibel von Gott bei der Erschaffung der Welt erzählt. Als er die Schöpfung sah, die Menschen darin anschaute und sagte: „Ihr seid wunderbar gemacht." Das heißt so viel wie: Hi, es ist schön, dass es euch gibt.

Es ist gut für mich zu wissen, dass ich für Gott nicht irgend ein Staubpartikelchen bin. Es ist gut für mich zu wissen, dass Gott auch zu mir sagt: Hi, es ist schön, dass es dich gibt.

Und
nannte das
Licht Tag und
die Finsternis
Nacht. Da ward
aus Abend und
Morgen der erste
Tag.
1.Mose 1,5

Geschenkt

„Ach, du liebe Zeit", sagt die Oma an ihrem 73. Geburtstag einige Male, als sie Geschenke auspackte. Denn damit hatte sie nun wirklich nicht gerechnet. Auf der einen Seite freute sie sich riesig und war begeistert, auf der anderen Seite war es ihr peinlich. Bei ihr zeigten sich sofort Rückzahlungs-Tendenzen: „Wie kann ich das wieder gut machen? Das war doch viel zu teuer. Was schenke ich denen jetzt bloß zurück?" Es gibt sie allerdings: Geschenke, die einfach peinlich sind. Sie sind zu groß geraten. Sie signalisieren Vereinnahmung oder Abhängigkeit. Geschenke annehmen ist manchmal gar nicht so einfach. Oftmals liegt es auch an meiner Beziehung, die ich zu dem Menschen habe, der mir da etwas schenkt. Allerdings gibt es auch Geschenke, die kann ich nur annehmen, weil man sie nur geschenkt bekommen kann. Man kann sie nicht kaufen, erwerben oder erarbeiten.

Freundschaft oder Liebe zum Beispiel, Beziehungen, Anteilnahme kann man sich nicht selbst kaufen, sondern man kann sie nur geschenkt bekommen. Übrigens, diesen heutigen Tag auch nicht. Der Tag, der mir heute zur Verfügung steht, ist von keinem Menschen produziert worden, auch von mir nicht. Die Zeit, die ich heute habe, habe ich nicht selbst gemacht.
Dass es den Tag heute gibt, ist ein großartiges, wertvolles und wunderbares Geschenk an uns.
„Ach, du liebe Zeit", so könnte es einem herausrutschen, wie jener Oma. Rückzahlungs-Tendenzen könnten einem einfallen. Dann muss ich die Zeit aber auch ausnutzen, etwas Produktives daraus machen.

Doch dieser Tag ist einfach da. Der Tag steht dir und mir einfach zur Verfügung. Er ist unbezahlbar. Wir haben ihn nicht erworben, sondern geschenkt bekommen. Ich kann keinen Ersatz liefern, ich kann ihn nicht speichern, konservieren, sondern ich kann ihn nur annehmen und jetzt leben. Nicht eine Minute dieses Tages kann ich aufbewahren. Dieser Tag, die Zeit — ein großartiges Geschenk Gottes an mein Leben.
Bedanken kann ich mich — bei Gott — für das Geschenk dieses Tages.

Da
zog
Abraham
aus.

1. Mose 12,4

Da zog Alex aus

Er brauchte keinen Möbelwagen und auch keinen Klein-laster. Alles passte in den inzwischen etwas klapprigen Golf, den er vor zwei Jahren von seiner Tante geschenkt bekommen hatte: Stereo-Anlage, PC, die Wäsche (von Mama sauber gewaschen und zusammengelegt), ein paar Bücher und Kleinkram.

„Da zog Alex aus" – das beschreibt einen notwendigen Vorgang und Augenblick im Leben eines Menschen.

„Da zog Abraham aus."
Das beschreibt eine völlig andere Situation. Das war ei-gentlich der programmierte Wahnsinn. Es gab kein zurück mehr. Er wusste ja auch nicht, wo er hin sollte. Er hatte keine konkrete Zielangabe. Dazu eine Begründung, die man auch als Selbstverarschung verstehen könnte: Gott habe zu ihm geredet. Was denn? Wer denn? Wo denn? Wie denn?

Alex und Abraham – zwei Zugvögel dieser Welt, die ausziehen. Ausziehen auf ein Vertrau-en, auf Risiko hin. Anders kann man nicht losziehen. Alex nicht und Abraham nicht. Gott hatte zu Abraham geredet. So steht es in dieser alten Geschichte in 1.Mose 12,1.

Eine alte Geschichte? Es ist nicht einsichtig, wenn Gott damals geredet hat, warum er heute nicht zu dir oder zu mir reden sollte. Gott ist ja nicht irgend etwas Theoretisches, sondern Gottes Wort versteht ein Mensch dadurch, dass er sich auf dieses Wort ein-lässt, diesem Wort vertraut.

Wer es wagt, sich offen, ohne Tricks, Gott zuzuwenden, wird Gott verstehen. Denn Gott ist ja nicht irgendwo, sondern er lässt sich durch sein Reden in unsere Wirklichkeit ein. So zeigt sein Wort in meinem Leben Wirkung.

Du bist ein Gott, der mich sieht.

1.Mose 16,13

Ein Gebetssatz. Denn das ist ein Satz aus einem Gebet, das von einer Frau gebetet wird, der es echt beschissen geht. Die nicht mehr darüber hinaussieht. Hagar ist die ägyptische Magd Abrahams. Abraham war Nomade. In einer Dürrezeit, als es kein Gras mehr für die Herden gab, zog er in die Kornkammern der damaligen Weltmacht Ägypten. Von dort brachte er eine ägyptische Magd mit.

Für Abraham und Sara war es schlimm, keine Kinder zu haben. Er hat zwar die Verheißung Gottes für einen Sohn, aber die Jahre gehen ins Land. Abraham hilft dem Versprechen Gottes ein wenig nach, greift quasi Gott ein wenig unter die Arme. Dass die ägyptische Magd das ersehnte Kind als Leihmutter austrägt, ist damals völlig legitim und normal gewesen.

Ismael – der erstgeborene Sohn Abrahams. Ein wilder Mensch, seinen Brüdern zum Trotz wird er wohnen. So heißt es von ihm.
Es kommt zum Konflikt zwischen Sara und Hagar. Hagar flieht in die Wüste, in eine einsame Oase. Sie sieht nicht mehr darüber hinaus. Sie ist keine Heldin. Sie weiß, allein pack' ich das hier nicht mehr. Ich hab' mir zu viel aufgeladen. Sie ist eine Ausgestoßene in der Wüste. Dann macht sie den Mund auf, betet, und da fällt dieser Satz: Du bist ein Gott, der mich sieht. Du bist ein Gott, der mich in meiner individuellen Lebenssituation sieht. Er sieht nicht seine Menschheit im allgemeinen, sondern er sieht mich. Gott ist ein Gott, der mich sieht. Mich, mit dem ganzen Krempel, den ich am Bein habe.

Mein Gott ist ein Gott, der mich sieht,
- mit allem, was zu mir gehört
- mit meinen Gaben und Fähigkeiten
- mit meinem Versagen
- mit dem, was ich nicht kann
- mit meinen Schwächen
- mit meinen Grenzen.

Du bist ein Gott, der mich sieht und der mich gebraucht in seiner Gemeinde und Kirche.
Du bist ein Gott, der mich sieht, d.h. der Anteil nimmt an meinem Leben und daran, wie es mit mir weitergeht.

Und siehe, ich bin mit dir und will dich behüten, wo du hinziehst, und will dich wieder herbringen in dies Land. Denn ich will dich nicht verlassen, bis ich alles tue, was ich dir zugesagt habe. Als nun Jakob von seinem Schlaf aufwachte, sprach er: Fürwahr, der Herr ist an dieser Stätte, und ich wusste es nicht!
1. Mose 28,15.16

Es gibt Dinge, Entscheidungen in meinem Leben, die sind entschieden, die muss ich nicht noch einmal entscheiden. Z. B. dass ich als Mann oder Frau geboren bin, dass ich auf diesem, unseren Planeten lebe und zwar jetzt und nicht vor oder in 100 Jahren, dass ich ein- und ausatmen muss, Essen und Trinken brauche. Das muss ich nicht alles nochmals entscheiden, das ist entschieden.

Es bleibt mir aber nicht erspart, mein Leben lang Tausende von Entscheidungen zu treffen, von denen ich nicht weiß, wie sie ausgehen.

Da war in diesem Sommer Sven mit auf der Freizeit. Abitur und Zivildienst hatte er hinter sich. Jetzt jobbte er in der Firma seines Onkels, weil er einfach Angst hat, sich für einen Beruf oder für ein Studium zu entscheiden.

Da ist Mirjam. Sie studiert in Berlin und sucht seit einem halben Jahr Anschluss. Nun ist sie seit drei Wochen in einer Gemeinde und ist happy. Ob es die richtige ist, wird sie sehen. Aber wichtig ist, sie hat sich entschieden.

Es gibt Situationen in meinem Leben, die habe ich nicht 100%-ig im Griff, und in diese unsichere Situation hinein muss ich Entscheidungen wagen, ob es im Beruf ist, in Beziehungen oder ein Ortswechsel. Genau in solch einer Situation war Jakob. Jakob, das absolute Schlitzohr in der Bibel. Er hat immer versucht, sich mit Tricks durchzumogeln. Hier geht es nicht mehr. Er ist auf dem Weg von Beerscheba nach Haran. Es geht um seine Zukunft, um seine zukünftige Frau, um die Herden seines Vaters, um seine ganze Existenz. Er hat nichts mehr im Griff. Genau da hinein kommt die Zusage Gottes: „Ich bin mit dir."

Das kann für einem Menschen sehr wichtig sein, dass da ein anderer mitgeht, dass ich nicht alleine gehen muss. „Ich geh mit!" – das können sehr hilfreiche Worte sein.

Der erste Schultag, alles ist fremd – dann noch die blöde Tüte, wie soll man die halten? Der neue Schulranzen als Rucksack im Rücken. Der Halt war die Hand der Mutter, die „nur" mitgegangen war in diese neue unüberschaubare Situation.

Diese Zusage an Jakob geht über Jakob und Israel durch Jesus hinaus an uns heute: „Ich bin bei euch alle Tage."

Wo du auch noch hinziehen wirst in deinen Leben, welche Wege noch vor dir liegen mögen, Wege vor denen du Angst hast. Jesus sagt: „Ich geh mit!"

Ich bin mit dir und will dich behüten, wo du hinziehst.
1. Mose 28,15

Gott sprach zu Mose: Ich werde sein, der ich sein werde.

2.Mose 3,14

Nach dem Terroranschlag auf das World Trade-Center in New York ist das Fragen nach Religion und Gott wieder laut geworden. Können solch schreckliche Vorgänge im Namen von Religion möglich sein? Welche Gottesvorstellungen stecken hinter dem Islam? Sind wir in der Lage, einem anderen Menschen oder auch einem muslimischen Mitbürger, zu erklären, welche Vorstellung wir von Gott haben?

Sich selbst Vorstellungen zu machen, ist nicht ganz ungefährlich. Ich telefoniere mit einem Menschen, habe ihn aber noch nie gesehen – wie stelle ich ihn mir vor? Eltern machen sich Vorstellungen, welche Berufe ihre Kinder erlernen sollten. Menschen machen sich Vorstellungen über ihre Traumfrau oder ihren Traummann. Es kann sein, dass ich mich in meinen Vorstellungen so festlege, dass ich dann diesem Menschen in Wirklichkeit gar nicht begegne. Diese Vorstellung ist wie vor mich gestellt. Ich sehe nicht mehr, was wirklich dahinter ist.

So können im zwischenmenschlichen Bereich riesige Konflikte entstehen. Menschen müssen nach Jahren – auch nach vielen Ehejahren – ihre Vorstellung vom Anderen nochmals korrigieren.

Das gleiche kann mir auch mit Gott passieren. Ich habe mir als Kind oder als Teenager Gott vorgestellt. Und jetzt begegne ich nicht Gott, sondern immer nur meiner eigenen Vorstellung.

Darum hat Gott sich in der Bibel selbst vorgestellt. Viele kennen die bekannte Geschichte, in der Mose seine Schafe auf den Berg treibt und der Dornbusch brennt, ohne zu verbrennen. Und Gott sagt: „Ich bin, der ich bin und ich werde sein, der ich sein werde."

Gott sagt mit anderen Worten: Ich bin keine starre Formel, die ihr auswendig lernen könnt. Nicht ein Gesetz, das man einhält. Nicht Verse, die man aufsagt. Sondern: Ich werde da-sein. Das bin ich.

Darum hat jüdisch-christlicher Glaube mit einem Verhältnis – einer Beziehung zu Gott – zu tun. Denn mein Verhältnis zu einem Menschen oder mein Verhältnis zu Gott hat mit meinem Verhalten zu tun. Lasse ich Gott links liegen, rede nicht mehr mit ihm oder stimmt das Verhältnis?

Jesus selbst lebte ganz in diesem Verhältnis zu Gott. Er stellt uns Gott als Vater vor: „Vater unser im Himmel". Es geht um ein enges Vertrauensverhältnis zwischen Gott und mir, in dem ich hier und heute lebe. Weil ich darauf vertraue, dass Gott nicht außerhalb meiner Wirklichkeit ist, sondern dass er mit mir heute das Leben teilt. Darum darf und kann ich beten: Vater unser im Himmel.

Höre, Israel,
der Herr ist
unser Gott, der
Herr allein.

5.Mose 6,4

Zuhören

Die Mutter auf der anderen Straßenseite nimmt den Buben, der unbedacht auf die Straße gelaufen war, energisch bei der Hand mit den Worten: „Nun hörst du mir aber zu!"

Wie oft sind wir in unserem Leben so oder ähnlich ermahnt und erinnert worden, erst einmal richtig zuzuhören. Hören können ist die Grundvoraussetzung aller Kommunikation.
Nicht zuzuhören bedeutet, die Kommunikationsebene abzubrechen. Der Bub an der Hand der Mutter hatte längst dicht gemacht. Mit hängendem Kopf trabte er nur noch hinterher. Die Mutter meinte es gut mit dem Jungen, aber sie erreichte ihn nicht mehr.

Wie oft geschieht dies zwischen Menschen, Ehepartnern, Freunden, Schülern, Kollegen. Genau so geschieht dies Gott gegenüber. Wir haben längst dicht gemacht, haben die Kommunikationsebene abgebrochen.

Gott ermahnt die Menschen – damals im Alten Testament – auf ähnlich drastische Weise wie die Mutter: „Schema Israel – höre Israel, der Herr ist unser Gott, der Herr allein."
Da hatten sich andere Götter, andere Orientierungen eingeschlichen, auf die die Menschen hörten. Wenn ich hören kann, lasse ich mir auch etwas sagen, bekomme andere Perspektiven. Warum eigentlich sollten wir weiterhin unsere inneren Ohren verschlossen halten und nicht auf Gott hören?

Dieser Tag kann solch eine Kommunikationsebene zu Gott sein. Ruhe finden, abschalten, vielleicht ein zögerliches Gebet sprechen, schweigen, in der Bibel lesen. Wieder heraushören, dass er es gut mit mir meint, dass sein Reden heute an mein Ohr gelangt. „...denn mitten unter euch bin ich", sagt Jesus Christus.

David sprach zu Saul:
Seinetwegen lasse keiner den Mut sinken; dein Knecht wird hingehen und mit diesem Philister kämpfen.
1. Samuel 17,32

Wer kennt solche Situationen nicht aus seinem Leben, in denen ich mir etwas vorgenommen hatte und dann war der Mut weg. Mit diesem Thema haben sich Romane, Filme, Komödien beschäftigt und es gibt auch genügend Witze. Besonders an Männer-Stammtischen. Natürlich über die anderen, die unter dem sogenannten Pantoffel stehen. Sie trinken sich am Stammtisch Mut zu und marschieren dann mit aufrechtem Gang nach Hause. Sie nehmen sich vor, endlich mal auf den Tisch hauen zu wollen – und schlafen dann doch lieber kleinlaut im Badezimmer.

Oder sie stürmen beim Chef rein, um sich eine Gehaltserhöhung zu erkämpfen, um dann doch lieber mit einer Entschuldigung – ich habe mich in der Türe geirrt – die Kurven zu kratzen.

Als ich so 10 oder 11 Jahre alt war, da haben wir uns die verrücktesten Mutproben ausgedacht. Die Palette reichte vom Klingelputzen, nach einem Hund mit Steinen werfen, eine lebendige Spinne verschlucken bis auf einen fahrenden Güterzug aufspringen. Da gab es kleine und große Helden, furchtlose Männer, beherzte Springer, entschlossene und kühne Steinewerfer. War man auf der Seite der Mutigen, dann war man wer. Das machte Spaß, man war erfolgreich, bekam seine Wertschätzung.

Aber es gab auch die andere Seite. Die Augenblicke, in denen einem das Herz in die Hose rutschte. Als einen der Mut verließ, war man nicht mehr der strahlende Held, sondern geknickt und hilflos, kleinmütig, allein. Und es ging auch nicht ohne Tränen ab. Kennst du das auch?

Vielleicht versuchen wir uns einen Augenblick mal zu erinnern. Gibt es solche Situationen in meinem Leben, in denen mich der Mut verlassen hat? Ich mir nichts zutraute? Zu feige war, den Mund oder die Hand aufzumachen? Oder einfach nur anders zu reagieren, als die anderen?

Mut-losigkeit macht was mit mir. Keinen Mut mehr zu haben, kann einen Menschen total fertig machen. Da ist kein Glanz mehr in den Augen. Kein aufrechter Gang mehr.

Da ist der absolute Durchhänger. Bei uns geht es heute nicht um die kleinen Mutproben am Bahndamm oder auf dem Apfelbaum des Nachbarn. Entscheidungen zu fällen, ist eine mutige Tag. So will ich jetzt mein Leben gestalten, mich auf diese Beziehungs-Arbeit einlassen.

Den Mut haben, etwas anzupacken, belebt das Leben, bringt Spannung und Glanz, Bewegung, Helligkeit, Er-Mutigung.

„Keiner lasse den Mut sinken!" Auf den ersten Blick könnte dieser Satz wie ein Appell sein. Sei schön mutig und alles ist okay! Er könnte auf irgend einem Spruchkalender als allgemeine Lebensweisheit stehen. Steht aber in der Bibel! Weil Gott seine Leute kennt. Weil solche Mutlosigkeit im Glauben und im Leben von Christen genau so vorkommt, deshalb fügt Gott eines hinzu: „Du gehst nicht allein." Nicht wörtlich, aber im Geschehen dieser Geschichte von David und Goliat. Das gab David den Mut und das macht mir als Christ Mut, auch mal Dinge unkonventionell anders, quer, unpopulär anzupacken. Nicht einfach die Fahne in den Wind zu hängen. Auch an diesem Tag nicht. Darum, keiner lasse den Mut sinken für das, was er heute leben und glauben wird.

Der Herr ist mein Hirte

Psalm 23,1

So ab und zu sehen wir sie auf der Schwäbischen Alb oder in der Lüneburger Heide bei einem Spaziergang: Schafe, die einen Hirten haben. Die Menschen bleiben stehen. Es ist ein idyllisches, heiles Bild. Die Hunde, die herum laufen, sehen manchmal etwas böse aus – sind es aber gar nicht. Und die Menschen schauen anders als bei Kuhherden. Warum eigentlich? Gibt es da in uns Urbilder, die in uns wach gerufen werden? Keiner von uns will ein Schafskopf oder ein blöder Hammel sein. Aber einen Hirten könnten wir ab und zu brauchen.

Das Schaf ist eines jener Tiere, das nur im Rudel, im Verband, in der Herde oder in der Gemeinschaft mit anderen überleben kann. Es gibt zwar bockige Schafe, aber sie hören auf ihre Weise auf den Hirten. Der Hirte ist der, der ihnen den Lebensraum ermöglicht.

Auch Menschen brauchen andere Menschen. Keiner von uns hätte allein überlebt, als wir geboren wurden. Da waren Worte – Hirten – Menschen. Hände, Eltern, die uns den Lebensraum ermöglichten. Heute muss nicht jeder das Rad neu erfinden. Wir leben von dem, was andere vor uns erfunden, gedacht, erlebt haben. Oder neben uns gestalten oder erfinden. Wir haben uns wie selbstverständlich in diese Kette, diese Lebensgemeinschaft mit anderen Menschen eingeklinkt. Wir akzeptieren und nehmen die Gaben und Fähigkeiten anderer und setzen sie in unserem Leben um. Ob am Arbeitsplatz oder in der Familie. Die unterschiedlichen Gaben spielen ineinander. Nur so gelingt das Leben.

Wir hören also auf jemanden. Aber auf wen? Jesus hat dieses Bild des sich ergänzenden Lebens einer Schafherde in seiner Heimat ständig vor Augen gehabt. Jesus sagt: Meine Schafe hören meine Stimme, und ich kenne sie. - Hören wir sie wirklich noch? Ich bin davon überzeugt, dass viele Menschen Gott nicht kennen, weil sie das Organ des Hörens nicht mehr haben.

Wir sind so voll Power mit unserer individualistischen Lebensgestaltung beschäftigt, dass wir keinen Raum, keine Zeit mehr haben, um auf Gott zu hören. Wir haben Stunden, Tage, Wochen ausgereizt. Das Leben wird zur Schnäppchenjagd.

Hören aber hat mit Hinwendung zu tun. Augenblicke der Ruhe finden, Zeit haben, das innere Organ des Hörens, Lesens wieder entdecken, um die Stimme des guten Hirten zu verstehen.

Hören statt Reden

„Zwei Ohren hat Gott uns Menschen gegeben, aber nur einen Mund, damit wir doppelt so viel hören wie reden", so heißt es in einem alten Sprichwort. Ich vermute, es ist oft genau umgekehrt. Wir reden mehr als wir zuhören. Wir reden aneinander vorbei, überhören gestellte Fragen und Bitten, beantworten kaum noch Briefe, lassen andere nicht mehr ausreden. Wir teilen Informationen mit, checken ab, was wir brauchen können, führen aber im Grunde keine Gespräche mehr. Wir können nicht mehr zuhören. Das Entscheidende an einem Gespräch ist ja nicht, dass ich rede, sondern, dass ich höre.

Wer nicht zuhören kann, wird ärmer. Ärmer an Wissen, an Kompetenz, an Beziehungen.

Wenn ihr doch heute auf seine Stimme hören wolltet: Verstockt euer Herz nicht.

Psalm 95,7.8

Könnte es sein, dass für viele Menschen deshalb Gott nicht mehr existiert oder fern geworden ist, weil wir das Zuhören verlernt haben?

Glauben hat mit Vertrauen, mit Zuhören und Gehorsam zu tun. Wer Gott gegenüber nicht Ohr und Herz öffnet, darf sich nicht wundern, dass er ihn nicht kennt. Wer zuhört, lässt sich auch etwas sagen.

In Psalm 95, Vers 8 heißt es: „Heute, so ihr seine Stimme hört, verhärtet euer Herz nicht."

Wir müssen dieses Zuhören vielleicht wieder neu lernen und einüben – Gott und den Menschen gegenüber. Selbst schweigen und still werden, ganz Ohr sein, geduldig warten, solange der oder die andere spricht. Nicht über Gott reden, sondern Gott zu mir reden lassen.

Wäre dieser Tag nicht ein Versuch wert, Hörende oder Hörer zu sein? Vielleicht bist du heute am Abend reicher an Wissen, an Kompetenz, an Beziehungen. Auch in der Beziehung zu Gott.

Danket dem Herrn; denn er ist freundlich, und seine Güte währet ewiglich.

Psalm 106,1

Nur einen Sommer

In der Pause saß Christine mit den anderen Kolleginnen und Kollegen in der kleinen Grünanlage der Firma in der Mittagssonne.

Plötzlich saß er da, auf der Bank gegenüber. „Ein echter Sonnnyboy", dachte sie und lächelte verschmitzt. Er ist zart gebaut, ja eher zerbrechlich, aber schön ist er und seine Farben glänzten in der Frühlingssonne. Neugierig streckte er seine Fühler aus.

„Ist er nicht wunderschön", sagte sie. „Ja", sagte der Kollege neben ihr auf der Bank. „Er ist einmalig. Seine Farben gibt es so nicht noch einmal. Ein Original ist er in der Vielfalt der Schöpfung."

Doch dann kam dieser niederschmetternde Satz: „Aber, ein Schmetterling lebt nur einen Sommer."

Die Idylle war zerstört. „Er lebt nur einen Sommer?"

Als Christine später wieder am Schreibtisch saß, ging ihr ein Gedanke nicht aus dem Kopf: „Ein Schmetterling lebt nur einen Sommer" – mir aber sind viele geschenkt.

Auch Menschen gibt es letztendlich nur als Originale, es gibt sie nicht nach DIN genormt. Auch menschliche Gesichter gibt es nicht doppelt.

Wenn ich in den Spiegel schaue: Das, was ich da sehe, ist einmalig. Auch mich gibt es nicht doppelt. Jeder Mensch ist ein Original in der Vielfalt der Schöpfung.

Für Christine war dieses Erlebnis mit dem Schmetterling so, als wenn ihr eine Botschaft ins Leben geflattert wäre, den Sommer in einer neuen Wertigkeit und Dankbarkeit zu sehen und zu leben. Der Psalmbeter drückt das so aus: „Danket dem Herrn, denn er ist freundlich und seine Güte währet ewiglich."

Denn ein Schmetterling lebt nur einen Sommer, mir aber sind viele geschenkt.

Alles
hat seine Zeit,
geboren werden
hat seine Zeit,
sterben hat seine
Zeit.

Prediger 3,2

Meine Zeit

Es ist früher Morgen. Vor mir liegt ein unberührter Tag, eine Menge Zeit. Meine Zeit.

Um mit dieser Zeit zurecht zu kommen, gebrauchen wir Terminkalender, die uns sagen, wo wir um 10:00 Uhr, um 13:00 Uhr oder um 19:30 Uhr sein werden. Von meiner Zeit ist eine Menge Zeit verplant. Mehr Stunden hat dieser heutige Tag nicht. Wenn dieser Tag mit seinen 24 Stunden verstrichen ist, bin ich unwiederbringlich einen Tag älter geworden.

Niemals lässt sich Zeit speichern, einfrieren, aufbewahren, horten oder wie eine Kapitalanlage auf die hohe Kante legen. Meine Zeit ist immer vergehende Zeit. Zeit ist unwiederholbar. Meine Zeit, die ich habe, ist nicht von mir erworbene Zeit, sondern geschenkte Zeit. Nach biblischem Verständnis ist die Zeit geschaffen: „Aus Abend und Morgen wurde der erste Tag."

Zeit ist ein Geschenk des Schöpfers an seine Menschen. Der Satz: „Ich habe keine Zeit" ist im eigentlichen Sinn ein verkehrter Satz, denn ich habe ja Zeit bekommen, ich habe sie nur für etwas anderes verplant oder möchte meine Zeit für etwas anderes verwenden. Denn meine Zeit ist ja nicht wertneutral, ich gebe sie immer für etwas.

Menschen, die in Zeitnot leben, leben tatsächlich in einer Not. Es ist wie eine Krankheit, mit der viele in unseren Tagen nicht zurechtkommen. So gibt es Tagungen und Seminare, in denen Menschen lernen, ihre Zeit effektiver zu planen. Ihre Zeitplanungen auf ihre Ziele auszurichten.

Der Märchenerzähler Michael Ende schreibt in seinem Buch Momo: „Zeit war das einzige, woran Momo reich war." Es ist heute in unseren Tagen schick, keine Zeit zu haben. Aber Menschen brauchen Zeit. Zeit zum Reden, Zuhören, Wahrnehmen. Ohne Zeit gibt es keine Feste, keine Freunde, keine Begegnungen. Auch keine Begegnung mit Gott.

An jedem neuen Tag wird uns Zeit geschenkt. Für uns selbst, für unsere Arbeit, für andere Menschen, für Gott, dem wir unsere Zeit verdanken.

„Meine Zeit steht in deinen Händen", so betet der Psalmbeter.

Ein Tag des Friedens

Da werden sie ihre Schwerter zu Pflugscharen und ihre Spieße zu Sicheln machen.

Jesaja 2,4

Es war eine völlig irre, verrückte, unsichere Zeit für Menschen, egal wo. Den größten Teil der Staatsgelder gaben die Staaten für die Rüstung aus. Die Steuerschraube war schon bis ins Unerträgliche hochgedreht. Die politischen Machtblöcke hatten sich total verschoben, alles war undurchsichtig geworden. Jeder Staat betrieb weiterhin seine Machtinteressen, heimlich und unheimlich. Hass wurde zwischen den Menschen unterschiedlicher Völker und Religionen geschürt.

Dann taucht plötzlich er auf, der Prophet des Alten Testamentes. Jesaja hat eine Botschaft, die er den Menschen in die Köpfe und Herzen bringen möchte: „Da werden sie eines Tages ihre Schwerter zu Pflugscharen und ihre Spieße zu Sicheln machen."

Damals werden viele Menschen für ihn nichts anderes übrig gehabt haben, als ein müdes Lächeln. Vielleicht noch den berühmten Zeigefinger an die Stirn: Religiöser Spinner! Träumer! Utopist!

Es ist schon fast vergessen, aber mit dieser Botschaft aus dem Buch Jesaja: „Da werden sie ihre Schwerter zu Pflugschafen und ihre Spieße zu Sicheln machen", haben sich jahrelang jüngere und ältere Christen zu Friedensgebeten und Friedensdemonstrationen in Deutschland versammelt. Auch sie sind oft belächelt und nicht ernstgenommen worden, und doch haben sie unheimlich viel bewegt. Christen sind auch für ihr Schweigen verantwortlich, nicht nur für ihr Reden.

Die Pflugschar ist das Symbol für Säen. Die Sichel ist das Symbol für Ernte, für Nahrung und Brot. Säen, Nahrung und Brot stehen für die Lebensentfaltung des Menschen und damit für Frieden. Jesaja hatte das Wort nicht nur für die Politik, sondern für den einzelnen Menschen auf der Straße, für den Alltag, denn dort beginnt Leben und Frieden.

Das Wort fordert mich heraus, in meinem Umfeld damit zu beginnen, die Schwerter zu Pflugscharen und die Spieße zu Sicheln umzuschmieden, d.h. heute einen Tag des Friedens zu leben. In der Familie, in der Schule, am Arbeitsplatz, unter Freunden, Kollegen, Nachbarn, in der Clique.

Wie wäre es, heute im Auto beim Einfädeln auf der Straße, im Betrieb oder in der Schule statt des Machtkampfes einen Tag des Friedens, die Schwerter zu Pflugscharen und die Spieße zu Sicheln zu machen?

Wenn du den Hungrigen dein Herz finden lässt und den Elenden sättigst, dann wird dein Licht in der Finsternis aufgehen, und dein Dunkel wird sein wie der Mittag.

Jesaja 58,10

Es gibt sie, die Welthungerkonferenzen, zu denen die reichsten Nationen nur stellvertretende Staatssekretäre schicken. Es gibt sie, die Bilder im Fernsehen von hungernden Menschen, die uns nicht aus unseren Sesseln reißen. Es gibt sie heute und es gab sie damals. Die Menschen, zu denen der Prophet dieses Wort sagt, befanden sich in einer miesen Situation. In dem Lager auf dieser Seite des Euphrat-Flusses lebte man nicht im Wohlstand. Die gebratenen Ochsen – die gab es auf der anderen Seite des Flusses. Dort lebte man im Überfluss. Dort konnten die Leute sich täglich mehr als satt essen.

Sie versuchten, sich mit ihrem wässrigen Hirsebrei den Magen zu füllen. Sie lebten in den Lagern am Euphrat in bitterstem Elend. Aber es war auch unter ihnen so, wie es in allen Lagern immer gewesen ist. Auch in solchen Extremsituationen gibt es noch einmal Standesunterschiede. Es gibt noch Ärmere, es gibt noch Hungrigere als die anderen. Meist bei denen, die ein körperliches Handicap haben oder bei Alten und Kindern. Es gibt nicht nur die Solidarität des Hungers, sondern auch den nackten Existenzkampf untereinander.

„Wenn du den Hungrigen dein Herz finden lässt." Das gilt allen Menschen. Entscheidungen werden von uns Menschen nicht nur im Kopf gefällt. Es scheint logisch, dem bettelnden Stadtstreicher am Bahnhof nichts zu geben, weil er ja in unserem Land angeblich nicht hungern muss.

Es gibt sie heute unter uns in unserem Sozialstaat. Die Menschen, die durch den Rost gefallen sind, die heute ihr Brot nicht auf dem Tisch haben. Selber schuld? Sollen arbeiten gehen? – Oder kann der Hunger eines Menschen und das Wort des Propheten noch unser Herz erreichen? Lass ich mein Herz noch finden? Das würde bedeuten, umzudenken, hinzuschauen, den Mund und den Geldbeutel aufzumachen. Das Wort des Propheten und das Elend der Menschen in dein Herz hineinzulassen. Hier in unserem Text geht es ums Brot. Die Leute haben nicht genug zu essen.

„Dann wird dein Licht in der Finsternis aufgehen." Es könnte auf dieser Welt ein ganz klein wenig heller werden. Entscheidungen werden von uns Menschen nicht nur im Kopf gefällt, sondern auch in unseren Herzen. Beide Entscheidungen sind heute gefragt. Denn das Evangelium – die Gegenwart Gottes in dieser Welt erfahren Menschen nicht nur über den Kopf, sondern auch über das Brot, über die konkreten Lebenshilfen.

Mache dich auf, werde licht; denn dein Licht kommt, und die Herrlichkeit des Herrn geht auf über dir! Denn siehe, Finsternis bedeckt das Erdreich und Dunkel die Völker; aber über dir geht auf der Herr und seine Herrlichkeit erscheint über dir.

Jesaja 60,1.2

Eine jahrelange Schaukelpolitik hatte Israel in dieses Schlamassel gebracht, in die babylonische Gefangenschaft. Jerusalem war dem Erdboden gleich gemacht. Am Tempel lag kein Stein mehr auf dem anderen. Nun saßen die Israeliten in Arbeitslagern an dem träge dahin fließenden Euphrat. Auf der anderen Uferseite die gigantische Stadt Babylon. Beeindruckende Flachtürme zeichneten sich am Himmel ab, auf denen Marduk, der Sternengott, verehrt wurde.

Ihre eigene Religion hatte wohl nicht gebracht, was sie versprochen hatte. Ihr religiöser Rahmen, in den sie Gott sauber einsortiert hatten, war zerbrochen. Die Alten glorifizierten zwar noch die Vergangenheit, aber für viele junge Leute schienen die Sternengötter attraktiver zu sein.

Wir wissen aus der Geschichtsforschung, dass viele Juden nach der politischen Wende nicht mehr nach Jerusalem zurück gekehrt sind. Die religiöse Enttäuschung saß zu tief in den Knochen. Sie hatten einfach dichtgemacht und lebten in einer religiösen Dumpfheit vor sich hin.

Wenn Menschen ihre religiöse Mitte verlieren, dann verlieren sie mehr, als es auf den ersten Blick den Anschein hat. Sie haben ihren inneren Halt verloren. Was ist da zerbrochen?

In diese Situation hinein fallen die Worte des Propheten Jesaja: Mache dich auf!

Gott trickst Menschen nicht aus. Er überlistet sie nicht. Er übt keine Gewalt aus. Gott kommt mit einer Bitte: Sei nicht verschlossen, sei offen für meine Gegenwart in deinem Leben. Und aus der Dunkelheit, die jetzt in dir steckt, wird Licht werden.

Advent heißt: Du musst das Licht nicht in dir produzieren. Du musst Jesus lediglich in dir Raum lassen und er wird in dir ausstrahlen. Advent und Weihnachten ist eine gute Zeit der Besinnung, Betrachtung, des Gebets, damit es in uns heller wird.

Wir kennen Wunden, Verletzungen, Krankheiten, die nicht heilen wollen, oder auch nicht heilen können. Solche Wunden, Verletzungen können äußerlich und auch innerlich sein.
Das Unheil lässt Leben nicht zu. Das Unheil zerstört. Ein Unheil kann mich treffen, ob selbstverschuldet oder nicht.
Heil und Heilung ist mehr, als etwas schnell zu reparieren. Wunden repariert man nicht, sondern sie brauchen manchmal einen langen Heilungsprozess. Heil, d. h. gesund, unversehrt, gerettet, ganz und nicht kaputt zu sein. Heil, d.h. Glück, Rettung, Beistand.
Heil bewirkt also etwas Positives. Es gibt Heilquellen, Heilpflanzen, Heilwasser und es gibt auch den Heiland.

Heile du mich, Herr, so werde ich heil.

Jeremia 17,14

Der Heiland, der die Zerrissenheit, die Wunden zwischen Gott und mir heilen soll.

Jeremia ist ein Prophet, ein Bote Gottes, in dessen Schuhen ich nicht stecken wollte. Er lebte in einer Zeit, in der Israel von den unfähigsten Königen regiert wurde, die es in der Geschichte gab. Es waren in der Tat selbst kaputte Typen.
Jeremia hatte in seinem Leben ständig gegen sie aufzutreten. Er wurde ins Gefängnis gesteckt, erniedrigt, in die Kläranlage geworfen. Das alles hatte Jeremia zermürbt. Er war selbst innerlich sehr verletzt. Warum ausgerechnet ich? Ich schmeiß die Brocken hin.
Aber eins war ihm klar: Wenn diese Könige das schaffen, ihn innerlich kaputt zu machen, zu zerreißen, ihm Wunden zuzufügen, die nicht mehr heilen, dann kann er auch nicht mehr Prophet sein.
Darum ist die Bitte des Jeremia nicht: „Herr, nun mach die alle fertig. Feg die vom Thron, räume hier auf!" Sondern: Heile mich! Mach mich innerlich heil. Lass meine Zerrissenheit, meine Trennung nicht weiter zerreißen. Ich gehöre zu einem Ganzen. Mein Leben hat doch einen Sinn. Ich gehöre in die Beziehung zu dir, mein Gott. Jetzt lass die bitte nicht kaputt gehen.
Jeremia weiß, dass Gott ein äußerst sensibles Gehör hat und dass solche existentiellen Gebete nicht einfach verhallen.

Gott verhält sich zu mir. Ob ich das immer alles sofort sehe und verstehe, ist eine andere Frage. Aber das Beten lasse ich nicht.
Wir könnten sagen: Da bin ich aber heilfroh, dass du so bist, mein Gott.
Beten, so wie Jeremia oder Jesus selbst es getan haben, das ist meine Haltung.
Wer betet, öffnet sich der Einflussnahme Gottes – und das Heilende geschieht an ihm.
„Heile du mich, Herr, so werde ich heil."

Ich habe dich je und je geliebt, darum habe ich dich zu mir gezogen aus lauter Güte.

Jeremia 31,3

Ich bin geliebt

„Warum sollte ich nach Hause?" sagte mir der 17-jährige Markus in einem Ferienlager in Südfrankreich. Zu Hause will und braucht mich keiner. Da läuft auch alles ohne mich. Es ist egal, wenn ich nicht mehr komme. Mich will eigentlich niemand. Wenn ich nicht mehr komme, dann werden sie sich zu Hause ein bißchen aufregen, es wird Zoff geben, aber dann geht alles seinen Gang. Mutter nörgelt weiter rum, Vater ist ständig im Betrieb, mein Bruder macht sein Abi, in der Lehrwerkstatt wird ein anderer an meiner Drehbank stehen. In der Clique, in der ich drin bin, wird einer weniger um den Häuserblock fahren, aber die anderen werden weiter fahren. Die Familie hockt motzend beim Abendessen. Mich braucht es nicht zu geben. Ob es mich gibt, ist doch letztendlich allen scheißegal.

Ich habe Markus gefragt, warum er den Wert seines Lebens nur daran festmacht, wie und wo er funktioniert?

Ich habe mich allerdings gefragt, ob ich nicht auch so reagiere. Wenn ich von meinem Leben rede, erzähle ich dann auch nur davon, was ich kann oder geschafft habe? Wenn ich von meinem Leben rede, rede ich dann auch nur vom Geschäft, vom Haushalt oder vom Studium, von dem, was ich leiste? Wo kommt mein Leben, meine Person, denn vor ohne meine Funktion? Wo bin ich gewollt, geliebt, ohne Titel, ohne Leistung, ohne Gehaltsbogen?

Christ sein, d.h. die tiefe Grunderfahrung gemacht zu haben, von Gott gewollt und geliebt zu sein. Er fragt nicht danach, was bei mir alles klappt. Gott fragt nicht nach der Funktion eines Menschen, sondern er fragt nach der Person. Gott sagt mir: Es ist wichtig, dass es dich gibt. Gott will und braucht nicht irgendwelche Superleute, sondern Menschen, die Menschen sind.

Markus hat in den Bibelzeiten etwas davon geschnallt und ist damit heimgefahren. Für Gott ist es nicht wichtig, was wir bringen. Für Gott ist es wichtig, dass wir da sind. Vor Gott muss man nicht die Superfrau in der Schule sein, nicht der coole, bestbezahlte Mann im Betrieb. Ich bin wichtig für Gott, weil ich Mensch bin.

Es gibt auf dieser Welt in unterschiedlichen Ländern, zu unterschiedlichen Zeitepochen Dinge, die für Menschen kostbar werden, weil sie nicht genug davon haben. Das sieht in Afrika oder Asien noch mal anders aus als in Europa.
- Bei den Jägern und Sammlern war es das Jagdglück. Nur der konnte überleben, der erfolgreich war.
- Despoten und Tyrannen wurden abgeschafft. Die Freiheit der Menschen nach der Leibeigenschaft war kostbar.

Was schätzt du, was heute für Menschen in Mitteleuropa kostbar ist? Natürlich kann man das subjektiv beurteilen, aber ich nenne einmal meine Beobachtung: Die größte Kostbarkeit in unserer Zeit ist die Zeit. Man kann den Eindruck gewinnen, dass wir in einer sehr hastigen Zeit leben.

Wir haben in den letzten Jahren hochqualifizierte Techniken entwickelt, mit dem Begleitversprechen, Zeit zu sparen, schneller zu werden, Zeit zu gewinnen. Hochgeschwindigkeitszüge, schnelle Autos, Faxe, E-Mails, SMS, Handys. Ich habe den Eindruck, das war ein Bumerang. Wir haben nicht mehr Zeit, sondern weniger Zeit.

Zeit ist Geld, sagen die Menschen. Zeit wird sehr teuer verkauft. Zeit ist ein Wirtschaftsfaktor geworden und wird als persönliches Kapital vermarktet. So gibt es Menschen, die alles, was sie tun, hastig tun.

Es gibt allerdings Vorgänge in unserem Leben, die vertragen alles, nur keine Hast. Beziehungen z. B. brauchen Zeit. Wenn du für einen Menschen Zeit hast, dann fängt dieser Mensch an, zu leben.

Wenn ich für meinen Glauben an Gott Zeit habe, dann fängt dieser an zu leben. Und genau das sagt uns der Vers aus Sacharja: Ich lebe nicht durch die Kraft des Heeres, mit kurzfristigen Kraftaktionen und Power, sondern durch den Geist Gottes. Geistige und geistliche Prozesse vertragen alles, nur keine Hast, keinen Stress, keine Hetze. Sie brauchen Zeit. Geistesgegenwärtig zu sein, ist die Kunst zu leben. Mit meinem Geist, mit meiner ganzen Existenz, auch wirklich da zu sein, wo ich gerade bin.

Die Wirklichkeit Jesu wahrnehmen, das Reden Gottes wirklich verstehen – nicht mal geschwind hinhören – wahrnehmen ist mehr, das braucht Zeit. Die Zeit, die du dir jetzt für deine Gottesbeziehung nimmst, ist kostbare Zeit, damit sich Glaube und die Gegenwart Gottes wiederholen kann.

Geistesgegenwärtig zu leben, ist die eigentliche Kunst religiösen Lebens, denn was nutzt mir die verheißene Gegenwart Gottes im Heiligen Geist, wenn ich nicht anwesend bin.

Es soll nicht durch Heer oder Kraft, sondern durch meinen Geist geschehen, spricht der Herr Zebaoth.

Sacharja 4,6

Sie gingen hinein und fänden das Kind mit Maria, seiner Mutter, und fielen nieder und beteten es an.

Matth. 2,11

Weihnachts-Erwartungen

Es passte alles nicht zusammen, als die drei Männer vor der halb zerfallenen Tür standen. Sie kamen sich wohl selbst etwas komisch vor. Womöglich hatten sie am Morgen in der Karawanserei noch ein Bad genommen, die besten Kleider angezogen, die wertvollen Geschenke eingepackt. Und das sollte nun der Höhepunkt ihrer Reise sein? Dieser Stall? Hatten sie sich in der Haustür geirrt? Dazu waren sie losgezogen? All ihre Erwartungen hatten sie auf diesen Augenblick hin wach gehalten. Wie oft hatten sie sich gegenseitig in leuchtenden Farben davon erzählt, wie das sein könnte, wenn sie ihn sehen würden.

Und jetzt? Keine Fahnen, keine Märsche, keine Militärparade, keine offiziellen Reden. Jetzt standen sie vor einer sogenannten Notunterkunft, wie man ihnen in der Stadt gesagt hatte. Hier stimmt etwas nicht, könnten sie gedacht oder gesagt haben – oder haben wir etwa viel zu große Erwartungen gehabt?

Zu große Erwartungen können mich selbst blockieren. Zu große Erwartungen an Menschen, an Ehepartner, Kinder, Arbeitskollegen, Freunde. Zu große Erwartungen an Weihnachten, an Gott. Meine Vorstellungen, wie ich mir das gedacht, zurecht gelegt hatte, stimmen nicht mit dem überein, was wirklich ist. Zu große Erwartungen muss ich allerdings selbst korrigieren, nicht die oder der andere. Ich habe ja meine Erwartungen zu hoch angelegt.

Die drei Männer damals vor der Höhle, die als Stall benutzt wurde, die man in Bethlehem Notunterkunft nannte, also die Weisen aus dem Morgenland, haben nicht abgedreht. Sie sind durch ihre eigenen zu hohen Erwartungen nicht geblockt worden. Sie sind hineingegangen und haben das Anderssein Gottes akzeptiert. Sie haben geglaubt, dass Gott so in diese Welt kommt und nicht so, wie sie es sich in ihren Erwartungen ausgemalt und selber zurecht gelegt hatten.

Auch heute kommt Gott manchmal überraschend anders, als wir denken. Darum sollten wir unsere Weihnachts-Erwartungen wach halten.

Vergib uns unsere Schuld, wie auch wir vergeben unseren Schuldigern.

Matth. 6,12

Vergebung schafft Freiheit

Wer lebt, wird schuldig. Wir Menschen sind keine perfekten Maschinen. Ich werde an diesem Tag nicht immer alles richtig machen. Wenn ich in dieser Welt zusammen mit anderen lebe, werde ich auch schuldig werden. Die übersehene Geste, das vergessene Wort, die zu rasche Entscheidung, die dem anderen keine Möglichkeit lässt. Oder das manchmal feindselige Klima in der Schule oder am Arbeitsplatz, das Menschen das Leben zur Hölle machen kann. Oftmals merken wir es nicht einmal, das Wort ist raus, das den anderen Menschen kaltgestellt, ausgeschaltet und stumm gemacht hat, von den bewussten Seitenhieben und Ellenbogenduellen einmal ganz zu schweigen.

Manchmal kann ich es wieder einrenken mit einer Entschuldigung, den Sachverhalt wieder klar stellen und um Vergebung bitten, aber manchmal kann ich es nicht wieder gut machen oder zurückholen, weil die Verletzungen zu groß, die Mauer des Schmerzes zu hoch, die oder der andere nicht mehr erreichbar ist.

Ein Satz wie: „Ich habe das falsch gemacht, ich bitte dich, verzeih mir", geht uns Menschen unheimlich schwer über die Lippen. Damit würde ich ja eingestehen, einen Fehler gemacht zu haben, aber gerade das wäre für mich die Befreiung, der Druck und die Spannung würden sich für mich und den anderen lösen. Vergebung würde möglich und Vergebung schafft Freiheit.

Christen beten das Gebet Jesu Christi: „Vergib uns unsere Schuld, wie auch wir vergeben unseren Schuldigern".

Vergebung schafft Freiheit, reinigt die Atmosphäre, entlastet Menschen, bietet neue Chancen, nimmt den Druck weg, lässt aufatmen, ja, das Leben zurückgewinnen.

Ich wünsche dir einen solch entlasteten Tag, die mutige Bitte um Vergebung mit neuen Chancen für dich selbst und die, die mit dir leben.

Ansehen

Ich erinnere mich noch gut daran, wie ich als Bub auf der Straße gestanden habe. Zwei Fußballmannschaften wurden gewählt. Die jeweiligen Mannschaftsführer riefen abwechselnd die Namen der Jungen auf. Zum Schluss waren alle eingeteilt, nur mein Freund und ich standen etwas verlegen am Straßenrand herum, bis uns einer fragte, ob wir denn auch mitspielen wollen. Beim Fußballspiel waren wir nicht angesehen. Getroffen hat mich das sehr, sonst wäre mir dieses Erlebnis nicht nach all den Jahren eingefallen.

Da sah er einen Menschen. Matth. 9,9

Es gibt schwerwiegendere Situationen, in denen Menschen übersehen und nicht angesehen werden.

Da steht eine Beförderung am Arbeitsplatz an, doch es wird ein Anderer gesehen, obwohl ich die viel besseren Voraussetzungen für diesen Job habe. – Oder bei der Begegnung mit Menschen, bei denen es interessant gewesen wäre, ihnen zu begegnen, aber ich werde einfach übersehen.

Ein Mann, der durch unglückliche Lebensumstände monatelang als Bettler auf der Königsstraße in Stuttgart gesessen hatte, erzählte mir: „Das brutalste ist, dass dich keiner mehr ansieht. Selbst die Leute, die Geld in deine Mütze werfen, vermeiden es, dir ins Gesicht zu sehen. Du hast kein Ansehen mehr."

Gibt es für mich Menschen, bei denen ich den Blickkontakt meide? An welchen Menschen sehe ich geflissentlich vorbei? Wem verweigern wir das An-sehen?

In der Bibel wird uns an mehreren Stellen davon berichtet, dass Jesus Christus Menschen ansieht, die kein Ansehen mehr hatten. Da ist z.B. jener Zöllner, bei dem man in der damaligen Zeit normalerweise den Blickkontakt vermied, sein Gesicht wegdrehte oder machte, dass man weiterkam. Von Jesus wird berichtet: „...da sah er einen Menschen". Jesus sieht Menschen anders. Jesus sieht nicht den Halsabschneider, Lügner, Betrüger, Trickser, sondern er sieht den Menschen. Wir Menschen haben Ansehen bei Gott, weil uns Gott in Jesus Christus Gott sein Angesicht zugewandt hat. Von daher gibt es auch für uns kein nein zu irgendeinem Menschen.

Dies ist mein Sohn, an dem ich Wohlgefallen habe, den sollt ihr hören.

Matth. 17,5b

Vorstellungen gibt es jede Menge. Es gibt sie im Zirkus, im Theater, im Kino usw.

Mir wird etwas vorgestellt, aber ich weiß gar nicht genau, was alles dahinter steckt. Wie das hinter den Kulissen aussieht.

Oder mir wird ein Mensch mit Namen und Berufsbezeichnung vorgestellt, aber wer ist der Mensch wirklich? Da gibt es noch die eigenen Vorstellungen, die ich mir so mache. Das kann mit unseren eigenen Vorstellungen eine heikle und delikate Angelegenheit sein. Denn bei meiner eigenen Vorstellung kann ich mich ganz schön täuschen, kann mir etwas vormachen.

Da sitzt womöglich ein junger Mann und macht sich seine Vorstellung von seiner Traumfrau. Eine unserer Azubis hatte immer ihre Vorstellung von ihrem Traummann. Groß, blaue Augen, blond, sollte er sein. Vor einigen Monaten kam sie zu Besuch und hatte ihren Verlobten dabei. Der war klein, kompakt gebaut, schwarzer Wuschelkopf mit Brille. Ein wirklich netter Kerl – aber?! Wenn sie nun heimlich bei ihrer ursprünglichen Vorstellung bleibt, dann kann das echt schräg werden. Denn sie begegnet nicht ihrem Verlobten Markus, sondern sie begegnet immer ihrer eigenen Vorstellung.

Womöglich ist sie der eigentlichen Wirklichkeit von Markus nie begegnet. Hier kann es zu dicken Konflikten kommen, weil sie diesem Markus nie begegnet ist.

Das gleiche kann mir auch mit Gott passieren. Ich habe mir irgendwann in meinem Leben eine Vorstellung von Gott gemacht. Als Kind oder Teenager vielleicht. Und nun muss ich den Mut haben, meine Vorstellung zu korrigieren. Sonst begegne ich Gott nicht, sondern immer nur meiner eigenen Vorstellung, die ja davor steht.

Darum stellt Gott sich in dieser Welt selbst vor. Für uns heute mit diesem Satz aus dem Matthäusevangelium.

Gott stellt sich mir in seinem Sohn Jesus Christus vor. Mit dem Zusatz: Den sollt ihr hören.

Jesus selbst sagt: Wer mich sieht, der sieht den Vater.

Die Begegnung mit Jesus, ohne meine Vorstellung, ist das, was ich brauche. Ihm zuhören, da sein, ihn anschauen, wahrnehmen. „Schmecket und sehet." Und meine Vorstellung von ihm wandelt sich.

Der Menschensohn ist nicht gekommen, dass er sich dienen lasse, sondern, dass er diene und gebe sein Leben zu einer Erlösung für viele.

Matth. 20,28

Es gibt in jeder Geschichtsepoche Erkenntnisse, Prägungen, denen wir uns als Einzelperson nicht so ohne weiteres entziehen können. Solche Erkenntnisse und Prägungen setzen sich eben durch in Mode, Musik, Kunst, Literatur. Manchmal muss ich mir selbst auf die Schliche kommen, wie weit ich mich diesen Einflüssen aussetze. Was ist eigentlich meine eigene Meinung, was habe ich schon von dem sogenannten Geist der Zeit übernommen?

Unsere augenblickliche Zeit kann man mit dem Stichwort umschreiben „Die Zeit der Märkte" oder „Der Markt ist alles". Wir haben die freie Marktwirtschaft, kein Kollektiv, keine LPG, sondern Individualisten, die sich auf dem Markt behaupten. Vom Lehrling bis zum Lebensunternehmer. Du musst dein Leben mit dem, was du an Bildung erworben hast, auf dem Markt behaupten. Das gilt für Einzelpersonen, das gilt für Firmen oder Unternehmen, das gilt aber auch für die sogenannten „non profit Organisationen", also die Kirche mit Jugendwerken.

Man muss heute kein Spezialist für Marketing und Werbung sein, um zu wissen, dass nur der sich auf dem Markt behaupten kann, der möglichst in knappen, einfachen Worten beschreiben kann, was das Einzigartige in seinem Geschäft ist, was das Unverwechselbare, das Spezielle ist, worin man konkurrenzlos ist, einzigartig, unvergleichbar. Das Produkt gibt es nur bei uns.

Jeder von uns hat in seinem Leben in irgendeiner Form von Jesus Christus gehört, die einen viel, die anderen wenig. Und wenn jetzt jeder auf einen Zettel aufschreiben würde:
- Was ist das Unverwechselbare an Jesus?
- Was ist das, was es nur bei ihm gibt?
- Was ist das Markenzeichen Jesu?
- An welcher Stelle ist Jesus unvergleichbar? Unvergleichlich mit anderen Religionsstiftern?

Zu allen Jahrtausenden hat es religiöse Scharlatane gegeben, die sich das Vertrauen und das Geld der Leute unter den Nagel gerissen haben. Die versucht haben, Religion und Macht zu fusionieren.

Jesus selbst antwortet: „Der Menschensohn ist nicht gekommen, dass er sich dienen lasse, sondern, dass er diene und gebe sein Leben zu einer Erlösung für viele." Das ist das Markenzeichen Jesu, der Kirche Jesu Christi, dass man dort Menschen dient. Dass da einer war, der sein eigenes Leben für mein Leben gegeben hat und ich mit Gott versöhnt bin. Dienen, das könnte auch unser Markenzeichen sein, obwohl das auf dem zeitgeschichtlichen Markt völlig unattraktiv ist. Aber diene einem Menschen, und er verwandelt sich.

Darum seid
auch ihr bereit!
Denn der
Menschensohn
kommt zu einer
Stunde, da ihr's
nicht meint.
Matth. 24,44

Eine aktuelle Frage

Im Bundestag gibt es die aktuelle Stunde, in der Fraktionen oder Abgeordnete aktuelle Fragen an die Regierung stellen können. Aktuell hat mit actualis – wirksam, tatsächlich handeln zu tun. Das Aktuelle muss ganz nach vorne. Beim Nachrichtensprecher ist es die Nachricht Nummer eins. Im Terminkalender kommt das Aktuelle an die erste Stelle. Bei der Zeitung auf die erste Seite.

Was ist eine aktuelle Frage?

Zum Beispiel die Frage an den Bundeskanzler, ob die Bildungspolitik nicht eine grobe Vernachlässigung dieser Regierung ist.

Zum Beispiel in der Kirche, der Gemeinde Jesu Christi ist die Frage nach dem Geld eine aktuelle Frage. Welche Stellen müssen gestrichen werden? Was bleibt an Inhalten? Welche Formen der Verkündigung, des diakonischen Handelns werden wir behalten können?

Zum Beispiel die Frage nach Sozialkompetenz und nach Orientierungswissen, statt Fachwissen, ist eine aktuelle Frage an die evangelische Jugendarbeit.

Oder wie wollen wir mit der sich eventuell anbahnenden „Ökumene" zwischen Juden, Muslimen, Christen umgehen, die sich auf gemeinsame Wurzeln besinnt?

Warum verschwinden die 20- bis 30-Jährigen in so hoher Zahl aus der Kirche und dem Evangelischen Jugendwerk?

Diese Liste ließe sich fortführen und jeder könnte aus seiner subjektiven Situation noch Fragen hinzufügen. Das ist alles wichtig!

Jesus allerdings stellt eine zeitlose und zeitnahe, aktuell vordringliche Frage. Seine Frage heißt: „Bist du bereit?" Denn der Menschensohn kommt zu einer Stunde, da ihr's nicht meint.

Nach meiner Einschätzung ist die Naherwartung, die Wiederkunft Jesu Christi, der Himmel, die Ewigkeit, das himmlische Jerusalem unter uns keine aktuelle Frage. Was Jesus für eine aktuelle Frage hält, scheint bei uns nicht ganz vorne zu sein. Wir haben andere aktuelle Fragen, die uns auch tatsächlich unter den Nägeln brennen.

Seitdem mir das aufgefallen ist, habe ich für mich eine aktuelle Frage: Gehöre ich auch zu den Menschen, die etwas Relatives zum Absoluten gemacht haben? Versuche ich die ewige Wirklichkeit Gottes lediglich zu nutzen, um die zeitlichen, vergänglichen Abläufe meines Lebens besser hinzubekommen? Verwechseln wir sein kommendes Reich mit dieser vergänglichen Welt?

Einige Sätze vor unserem Bibelvers heißt es: „Es war wie zur Zeit Noahs: Sie aßen, sie tranken, sie heirateten und ließen sich heiraten bis an den Tag, an dem Noah in die Arche hineinging; und sie beachteten es nicht, bis die Sintflut kam."

Noah baute sein Schiff – nicht unter dem Beifall der allgemeinen Zustimmung – sondern sehr einsam. Die Menschen waren größtenteils nette und rechtschaffene Leute, die es alle in dieser Welt zu etwas bringen wollten. Heute ist es genau so. Viele Menschen wissen nicht, wie es zu Ende geht mit ihrem Leben, mit der Welt. Sie würden aber ihr Vermögen dafür geben, wenn sie hier bleiben könnten. Sie haben jetzt schon die Ewigkeit verloren. Es sei denn, sie vertrauen dem Satz Jesu: Der Menschensohn ist gekommen zu suchen und selig zu machen, was sonst verloren ist.

„Darum seid auch ihr bereit!"

Christus
spricht:
Was ihr getan
habt einem
unter meinen
geringsten
Brüdern, das
habt ihr mir
getan.
Matth. 25,40

Menschen haben für Gott eine ungeheuer hohe Bedeutung. Ohne Ansehen der Person, ob Stadtstreicher, Aufsichtsratvorsitzender, Fußballweltmeister oder der krebskranke 8-jährige Junge im Olgakrankenhaus in Stuttgart. Gott wurde Mensch in Jesus Christus für alle Menschen.

Zum Glauben an Gott, an Jesus Christus, zu kommen, ist kein Selbstzweck. Glaube ist ja nicht der Mehrwert dergestalt, dass ich nun für meine eigenen Interessen an so etwas wie eine himmlische Powerkraft angeschlossen wäre. Wer Glauben an Jesus Christus lediglich für die eigenen, privaten Zwecke instrumentalisieren will, zerbricht diesen Glauben.

Christlicher Glaube ist zwar persönlicher Glaube, aber niemals privater Glaube. Denn Glaube an Jesus ist immer mit dem Ruf in die Nachfolge, in das persönliche Verhältnis zu Jesus verbunden. Dann hat mein Verhalten mit dem zu tun, wie Jesus sich in dieser Welt verhalten hat. Hier wird mancher Christenmensch zusammenzucken, weil er die Nächsten und Geringsten längst aus den Augen verloren hat. Aber wenn mein Verhältnis und mein Vertrauen zu Jesus stimmmig ist, wenn sein Geist in meinem Leben Einfluss nimmt, dann habe ich die gleiche Bewegung wie Jesus: Hin zu den Menschen.

Heute an diesem Tag werden auf unserer Welt Menschen gefoltert, geschändet, entwürdigt, getötet. Heute gibt es Menschen, die keine Kleidung und nichts zu essen haben. Arme werden ärmer und Reiche werden reicher. Als eine der reichsten Nationen sind wir nicht mehr in der Lage, kranke und alte Menschen angemessen und würdig zu pflegen. Dazu suchen wir Arbeitskräfte aus Osteuropa.

Das Wort Gottes will Menschen intelligent machen, ihre Lebensstrukturen zu durchschauen, damit Lebensraum für alle ist.

Galiläa liegt im Norden Israels. Hier oben am See Gene-
zareth pulsierte das Leben. Hier gab es alles, was man
brauchte. Getreide, Wasser, Öl, Wein und Fisch. In letz-
ter Zeit sprachen die Leute leiser miteinander, ja
manchmal wurde nur noch geflüstert. Genau so schnell,
wie sich positive Nachrichten verbreiten, verbreiten sich
schlechte Nachrichten. So auch die Nachricht über Jesus von Nazareth, dass man ihn in Jerusalem gekreuzigt
hatte.
Jesus war aus Galiläa. Hier hatte er gelebt. Mit den
Leuten hier hatte er gelacht, getanzt, gegessen. Sie
hatten ihm ein Dach über dem Kopf gewährt. Von Kaper-
naum hatte er gesagt: Das ist meine Stadt. Sie hatten
ihm Vertrauen geschenkt. Sie hatten ihn zum König aus-
rufen wollen. Ihre Jungs waren mit ihm gezogen, hatten
alles stehen und liegen gelassen. Wer von Jesus sprach,
sprach auch von Philippus, Johannes, Nathanael, Jako-
bus, Judas, Thomas und selbstverständlich von Simon, den sie jetzt Petrus nannten. Wo
mochten sie nun stecken? Würden sie zurückkommen?
Mit der Angst lag an diesem Mittag auch die Hitze bleiern über dem Land. Jene elf Männer gingen vermutlich zu einer Uhrzeit, zu der man sonst nicht unterwegs war. Sie kamen
durch die Seitentäler, um den Berg zu erreichen, zu dem Jesus sie bestellt hatte.
Keine triumphale Rückkehr also. Keine Machtparade, Massendemonstration, Truppen,
Fahnen, Marschmusik, kein großes Protokoll und roter Teppich.
Sondern elf zögerliche, sich durch die Täler quälende Männer, die sich ihre Rückkehr nach
Hause völlig anders vorgestellt hatten.

„Etliche aber zweifelten", wird von den Jüngern Jesu berichtet. Denn ihnen stand eine
Frage ins Gesicht geschrieben: „Wie soll es weitergehen?" Okay, okay, Jesus hatte sie hier
her auf den Berg bestellt – aber wie sollten sie denn jetzt alleine durchkommen?
Doch plötzlich ist Jesus da. „Mir ist gegeben alle Gewalt. Darum gehet ihr hin."
Einige denken: „Warum denn ausgerechnet wir?" Und man möchte Jesus den Rat geben
und sagen: „Du, Herr, das haut mit denen nicht hin. Mit denen kannst du keinen Staat
machen. Die reißen keinen vom Hocker. Da musst du dir clevere, fittere, coolere Typen
holen, als die da."
Jesus sagt: „Und siehe, d.h. schau hin! Ich bin bei euch alle Tage."
„Ach, du, Herr, wirst wirklich mitgehen? Mit hinein in alles, was da vor uns liegt? Du wirst
da sein in meinem Leben?"
Jesus hat sich nicht nur die Spitzentage in unserem Leben ausgesucht. Sondern er wird
alle Tage mit uns sein.

Jesus
Christus
spricht: Denn
siehe, ich bin bei
euch alle Tage bis
an der Welt Ende.
Matth. 28,20

43

Und er war hinten im Boot und schlief auf einem Kissen. Und sie weckten ihn auf und sprachen zu ihm: Meister, fragst du nichts danach, dass wir umkommen? Und er stand auf und bedrohte den Wind und sprach zu dem Meer: Schweig und verstumme! Und der Wind legt sich, und es entstand eine große Stille.

Mk. 4, 38.39

Ein starkes Team waren sie inzwischen geworden. Die Jünger verstanden ihr Geschäft. Gut, okay, einige schienen zwei linke Hände zu haben. Die konnten dafür Geld zählen, verstanden etwas von Buchführung, Logistik und Rechtsfragen. Ein anderer machte die gesamte Organisation im Hintergrund. Wann, wo, wer, wie eingeladen werden musste. Wann, wie viele etwas zu essen brauchten. Quartiere ordern, Zeitpläne erstellen, Gästebetreuung. Einige von ihnen waren inzwischen auch voll drauf, wenn es um Inhalte ging. Ein ganz schön starkes Team, die Jünger Jesu. Mit genialen unterschiedlichen Begabungen, Fähigkeiten, die sie durch die Dazugehörigkeit erworben hatten. Sie hatten gelernt, größere und kleinere Gottesdienste und Veranstaltungen zu organisieren und zu moderieren. Die nächtelangen Diskussionen mit den Menschen: Ist er nun der Messias oder ist er es nicht? Woran habt ihr das gemerkt? Ihr seid doch Tag und Nacht mit ihm zusammen. Was ist das Besondere an ihm? Was ist an ihm göttlich?

Apropos Tag und Nacht:
Da sah die Sache manchmal noch ganz anders aus. Da sahen sie nicht nur das Göttliche, sondern auch das Menschliche an Jesus. Beim Waschen am See nach einem heißen Tag. Wenn Jesus die Seife durch die Hände flutschte, dann konnte er ganz schön ungeduldig werden. Oder auch wütend über die nächtliche Schnarcherei von Jakobus. Aber wieder strahlend lachen beim Tanz nach dem Gottesdienst.
Aber das hier, heute, war das Stärkste. Das schlug dem Fass den Boden aus. Im wahrsten Sinne des Wortes ging es im Boot drunter und drüber. Als sie auf der anderen Seite des Sees abfuhren, hatten die Leute sie gewarnt: Es gibt Sturm! Einige von ihnen waren ja Fachleute, Fischer. Da saß jeder Handgriff. Aber sie wussten auch von der tödlichen Bedrohung solcher Stürme.
Jesus aber liegt auf dem Kissen und schläft. Ein Kissen gehörte auch damals nicht zur normalen Ausrüstung eines Fischerbootes. Den Jüngern Jesu war es wichtig, dass Jesus mit im Boot war. Dass er sich unter ihnen

wohlfühlte. Das Kissen ist der Ausdruck ihrer Zuwendung.

In diesem Sturm aber blieb ihnen die Luft und die Spucke weg. Und Jesus schläft. Jetzt, wo sie ihn dringendst brauchen. Sie sind mit ihrem Selbermachen am Ende. Sie wecken ihn auf: Herr, aus unserer Kraft packen wir dies nicht mehr.

Kann es sein, dass das heute in vielen Kirchen, in der Jugendarbeit dran ist? Wir haben super Strukturen und Aktivitäten entwickelt, wissen, wie man's macht. Wir sind losgefahren, schaffen und hantieren, aber wir müssten Jesus wecken.

Jesus bedroht den Wind, er diskutiert nicht mit den Spezialisten im Boot. Und es entstand die große Stille, die alle dringend brauchten.

Die Stille selber hat eine Stimme. Die Stille spricht dadurch, dass ich wieder hören kann und hinschauen, wo ich eigentlich hin will.

Vielleicht brauchen wir solche Augenblicke der Stille, in denen Gott selbst redet.

Und der
Engel sprach
zu ihnen.

Lk 2,10

Nicht alle Engel Gottes haben Flügel

Für den kleinen 4-jährigen Christoph war es eine Katastrophe. Nach stundenlanger Quengelei hatte er sein geliebtes Feuerwehrauto zum Weihnachtseinkauf in die Innenstadt mitnehmen dürfen. Es war ja auch ätzend langweilig, wenn Mama ewig in Schaufenster hinein starrte, in denen es nichts zu sehen gab. Während dessen spielte Christoph zwischen all den vielen Fußgängern auf der Königsstraße. Irgendwie war es dann passiert. Plötzlich war das Hinterrad von seinem Feuerwehrauto ab. Damit war nicht nur das Auto kaputt, sondern auch die weihnachtliche Einkaufsidylle. Denn für die Mutte war klar, der Nachmittag ist gelaufen. Christoph stand da mit dem kaputten Feuerwehrauto, ihm standen die Tränen in den Augen. Vorbei eilende Passanten lächelten ihm ermutigend zu, manche mit blöden Sätzen, wie: „Du kannst dir vom Christkind ein neues Auto wünschen." Einige Herren in Nobel-Anzügen mit geschäftigem Schritt wichen dem verzweifelten Blick des Jungen mit der lapidaren Bemerkung aus: „Kein Werkzeug dabei!"

Doch dann war plötzlich er da. Die Wollmütze tief über die Ohren gezogen, unter der das schon lange ergraute Haar ungepflegt hervorquoll. Die zwei übereinander gezogenen zerschlissenen Wintermäntel wärmten ihn, denn von den abgelaufenen Turnschuhen an seinen Füßen war nichts zu erwarten. Er lud wie selbstverständlich sein Fahrrad ab. Zwischen Pappkartons und Plastiktüten tauchte in Zeitungspapier eingewickelt Werkzeug auf. Es war bis jetzt kein Wort gesprochen worden. Der kleine Christioph reichte dem Mann wie selbstverständlich sein kaputtes Auto und zeigt mit dem Finger, wie es repariert werden sollte.

Viele Passanten waren stehen geblieben. Sie sahen diesen Mann, nicht den Obdachlosen, Stadtstreicher oder Penner, wie sie ihn sonst genannt hätten.

Dann hatte er mit seinen alten, aber noch geschickten Händen, das Auto repariert und reichte es dem Jungen. Christoph fragte: „Bist du der Weihnachtsmann?" „Nein", sagte der Mann, strich ihm mit der Hand über den Kopf und sagte: „Nicht alle Engel Gottes haben Flügel." „Danke", sagte Christoph, und der Mann packte seine Sachen ein.

Dieser Satz aber hing wie eine unsichtbare Weihnachtsbotschaft über der Königsstraße.

Denn euch ist heute der Heiland geboren, welcher ist Christus, der Herr, in der Stadt Davids.

Lk 2,11

Kleiner, als wir denken

Stell dir einmal für wenige Sekunden vor, die Geburt Jesu Christi wäre nicht im Stall in Bethlehem geschehen, sondern in einem der Paläste des Königs Herodes oder im Kaiserpalast in Rom. Nicht in einer Krippe, sondern auf weichen Kissen, begleitet von Ärzten, Schwestern und Hebammen, mit ausgewogener Ernährung, saugfähigen Windeln, in geheizten Räumen. Vielleicht sogar mit Böllerschüssen, Gratulationsempfang ausländischer Staatsvertreter und den Honoratioren des Landes.

Die heiligen drei Könige wären vielleicht noch empfangen worden. Aber die Hirten von den Feldern Bethlehmes, denen verkündigt wurde „Euch ist heute der Heiland geboren", die wären mit ihren abgetragenen Kleidern und dreckigen Sandalen nie reingekommen. Die Könige allerdings, als sie dann nach Bethlehem kamen, mussten sich in der niedrigen Stalltüre ganz schön bücken.

Gott kommt kleiner, niedriger als wir denken.

Gott baut keine großen Hemmschwellen ein, wer würdig oder berechtigt ist, zu ihm zu kommen. Gott schafft einen Zugang zu sich selbst, der verblüffend einfach ist.

Er kommt in der Hilflosigkeit eines Kindes. Keine Vorleistung, Bedingungen. Bei meinem Sohn Jesus Christus sind nur Menschen zugelassen mit dieser oder jener Bildung, Zertifikaten und gesellschaftlichem Stand. Diese oder jene Kleiderordnung ist obligatorisch. Nein, keine heimlichen Hintertüren, sondern eine offene Tür und die gleiche Zusage wie damals, oder auch heute: „....denn euch, dir, ist heute der Heiland geboren". Der Heiland ist der, der die Zerrissenheit zwischen Gott und mir wieder heil macht. Der mir den Zugang zu Gott, dem Vater, ermöglicht. Das nennen wir auch Weihnachten. Ich gehöre jetzt bei Gott dazu.

Der Dichter Angelus Silesius drückt das so aus:

„Wenn ich dies Wunder fassen will,
so steht mein Geist vor Ehrfurcht still,
er betet an und er ermisst,
dass Gottes Lieb' ohn' Ende ist."

Fürchte dich
nicht! Von nun
an wirst du
Menschen fangen.

Lk 5,10

Trau dich

Sebastian stand in den viel zu großen Badeshorts ganz schön schlotternd auf dem Drei-Meter-Sprungbrett im Hallenbad. Er hatte sich ziemlich weit vorgewagt. Unten der Rest der Klasse rythmisch klatschend: Basti – Basti. Dann der Zuruf seines Lehrers: Sebastian – trau dich! Er sprang.

Er traute sich. Etwas prustend tauchte er strahlend aus dem Wasser auf. Es war geschafft, die Angst war überwunden, die Erfahrung war gemacht. Der Zuruf des Lehrers hatte den Kick gegeben.

Vielen Menschen erscheint das leichter gesagt, als getan. Zu sehr hat bei ihnen die Mutlosigkeit und negative Erfahrung zugegriffen. Sie haben sich ins Private, bis zum feigen Schweigen, zurück gezogen. Mut scheint für viele Menschen zwar eine bewunderswürdige, aber für sie nicht mehr erreichbare Tugend geworden zu sein.

Christlicher Glaube hat immer mit dieser Einladung zum „trau dich" zu tun. Jesus sagt: „Fürchte dich nicht, trau dich!" Wir brauchen Menschen, die uns solch ein Wort der Ermutigung, diesen Kick, geben.

Wir brauchen Menschen, die Mut haben, die sich trauen, ja, die sich etwas zutrauen. Menschen, die nicht sofort die Nerven verlieren, die für ihre Überzeugung eintreten, auch wenn sie anderen nicht gefällt. Wir brauchen Menschen, die standhalten und mal Widerstand dagegen setzen, die sich auf die Seite von Minderheiten stellen, Schwachen aufhelfen und nicht nur den Starken beipflichten.

Mit anderen Worten: Menschen, die Jesus Christus nachfolgen.

Mut scheint in unserer Gesellschaft im persönlichen und öffentlichen Leben Mangelware geworden zu sein. Christen sind Menschen, die sich getraut haben, ihr Vertrauen auf Gott zu setzen. Sie haben den Mut gehabt, im übertragenen Sinne, zu springen und haben dabei die Erfahrung gemacht, dass Mut sie selbst stabilisiert und Gelassenheit gibt, die nicht in ihnen selbst entstanden ist.

Es gibt eben Dinge, die gehen nicht theoretisch, die muss ich mich trauen. Glaube an Gott und Mut gehören auch dazu.

Darum trau ich mich, die nächste Zeit meines Lebens anzupacken.

Er sprach zu ihm: Folge mir nach! Und er verließ alles, stand auf und folgte ihm nach.

Lk 5,27.28

Vertrauen wagen

Im Gottlieb Daimler Stadion in Stuttgart ist großer Fußballnachmittag angesagt. Zwei Mannschaften treffen aufeinander, die eine Menge Fans auf beiden Seiten und sonst noch eine Menge Leute in Bewegung gesetzt haben. Das Stadion ist voll. Die Stimmung gemischt gespannt. Das Wetter super. Nur das Bild auf dem Rasen ist verändert und setzt die Zuschauer echt in Erstaunen. Auf den Rängen wird diskutiert, was denn da unten passiert.

Da unten stehen um den Mittelpunkt herum 22 Stühle in einem großen Kreis. Darauf sitzen die Spieler beider Mannschaften und diskutieren ein fiktives Fußballspiel: „Wenn der Steilpass von links, kurz vor dem Strafraum, vom rechten Verteidiger so abgeblockt wird, dass daraus sofort ein ..., dann würde ein Tor ...

Das Schiedsrichtergespann läuft in der Mitte hin und her und moderiert die Diskussion. Die Trainer laufen außen herum und flüstern den Spielern Ratschläge ins Ohr. Das Ganze sei angeblich ein Experiment des DFB, um die Verletzungsgefahr in der Bundesliga zu senken und zudem ein Beitrag zum Abbau von Aggressivität in unserer Gesellschaft. Der Stadionsprecher gibt den Diskussionsverlauf und das Diskussionsergebnis bekannt. Aber es wird nicht Fußball gespielt.

Das Ganze wäre eine völlig bescheuerte Geschichte. Es würde kein Mensch mehr hingehen.
Der Fußball wäre out.

Das macht es ja erst spannend:
- Das Wagnis des Spiels zu wagen, von dem man nicht weiß, wie es ausgeht.
- Das Vertrauen zu den Mitspielern und zu sich selbst zu haben, dass das Spiel gelingt.
- Ohne aufzulaufen, ohne Anpfiff, weißt du nie, wie das Spiel werden wird und das Ergebnis kennst du auch nicht.

Nicht anders ist es mit meinem Leben und mit meinem Glauben an Jesus Christus. Theoretisch darüber diskutiert wird viel. Vertrauen wagen. Das Spiel wagen. Das Leben wagen. Den Glauben wagen. Das ist die Einladung Jesu. Nur so wirst du erfahren, wie es ausgeht.

Asylbewerber
oder die heilige Familie

Pflichtbewusstsein, das hatte man ihm von Kindesbeinen an beigebracht. So war er erzogen, so hatte er gehandelt. Auch Maria gegenüber, als das mit dem Kind war. Doch nun kam auch Josef an die Grenze seiner Möglichkeiten. Tag und Nacht das Kreisen im Kopf um die gleiche Frage, um das gleiche Problem! Wie oft hatte er in seinen Gedanken die Situationen durchgespielt, sich genau zurecht gelegt, was er den ägyptischen Grenzbeamten sagen wollte. Er hatte nicht ohne Grund eine gesicherte Existenz, die Werkstatt, das schon gekaufte Holz, die Werkzeuge, alles stehen und liegen gelassen, das Leben von Frau und Kind und sein eigenes aufs Spiel gesetzt. Eilig hatten sie in dem Stall die paar

Er kam in sein Eigentum; und die Seinen nahmen ihn nicht auf.

Joh 1,11

Habseligkeiten zusammen gesucht und waren bei Nacht und Nebel aufgebrochen. Und jetzt illegal über die Grenze? Nein, das war nicht sein Ding.

Ich will offiziell um Asyl bitten. Ich bin kein Verbrecher, ich brauche Papiere, eine Arbeitserlaubnis. Ich bin Handwerker und will arbeiten. Sie hatten ja Gründe. Man hatte ihnen mit Gefängnis, Folter und vor allem dem Kind mit dem Tode gedroht.

Maria und Josef und Jesus, das Kind, hatten erfahren, wie brutal Missbrauch staatlicher Macht sein kann. Ägypten hatte Asylgesetze, die das berücksichtigen, die dem Jesuskind die Überlebenschance gaben. Die wirtschaftlichen Zeiten waren nicht rosig. Da waren Ausländer, Asylbewerber, nicht gern gesehen. Sie waren schon seltsame Gäste. Maria und Josef mit Jesus auf der Flucht. Asylbewerber, nicht gern gesehene Ausländer, in einem fremden Land.

So lässt Gott seine Weihnachtsgeschichte, seine Gnadenzeit mit der Welt, beginnen. „Er kam in sein Eigentum; und die Seinen nahmen ihn nicht auf", heißt es in der Bibel. Er, Jesus, war ein Gast auf Erden und Gastfreundschaft ist eine Ausdrucksform christlichen Glaubens.

Jesus sagt später selbst: „Wer einen von diesen Geringsten aufnimmt, der nimmt mich auf." Sollten wir vielleicht unsere staatliche und unsere persönliche Gastfreundschaft nochmals überprüfen? Etwas heller, toleranter, gastfreundlicher, zugewandter könnte es doch werden oder? Überlebenschancen für Menschen bieten.

Wie Mose in der Wüste die Schlange erhöht hat, so muss der Menschensohn erhöht werden, damit alle, die an ihn glauben, das ewige Leben haben.
Joh. 3,14.15

Vergiftet sein, kann tödlich sein. Ob jemand eine überhöhte Dosis Heroin gedrückt hat oder statt vier, zehn Viertel Wein oder statt zwei, zwanzig Tabletten geschluckt hat. Ein vergifteter Mensch muss sofort entgiftet werden. Das ist uns biologisch völlig klar. Das Zeug muss raus.

Jeder Psychologe weiß heute, dass es bei Menschen nicht nur eine biologische, sondern auch eine geistig-seelische Vergiftung geben kann. Dass solche geistig-seelischen Vergiftungen bis ins Körperliche, Organische durchschlagen können und Menschen daran zu Grunde gehen. Bei der Nahrungsaufnahme achten wir darauf, dass wir kein vergiftetes Zeug schlucken. Aber was stopfen Menschen nicht alles in ihre Seele, in ihren Geist rein?
Was tut mir eigentlich gut? An Bildern, an gehässigen, brutalen, vergifteten Informationen? Wie viel Dunkles, Abartiges, Pornographisches, Satanisches, Zerstörerisches verträgt mein Geist und meine Seele?

In einem dramatischen Nachtgespräch erinnert Jesus den Schriftgelehrten und Parlamentarier Nikodemus an jene Geschichte, als das Volk Israel aus Ägypten zog, die Menschen in der Wüste von den Schlangen vergiftet wurden. Auf Gottes Anweisung hatte Mose mit der erhöhten, ehernen Schlange eine völlig neue Sichtweise eröffnet. Ja so etwas wie einen Entgiftungsprozess eingeleitet. Wir beschreiben das heute als eine therapeutische Handlung. Auf was schaue ich denn in meinem Leben? Um was kreisen denn meine Gedanken, womöglich Tag und Nacht? Was träume ich in meinen Tagträumen? Jesus sagt: Schau nicht auf das Dunkle, das Zerstörerische, auf das, was deine Seele dunkel macht und zerfranst. Entgiftung geschieht hier durch Vertrauen. Durch Begegnung, durch Anschauen. Gott sagt: Schau doch bitte mal wieder auf das Bild, das ich, der lebendige Gott, dir vor Augen male:
- Die Schlange in der Wüste. Entgiftung durch Vertrauen.
- Mein Sohn Jesus Christus am Kreuz von Golgatha. Dahingegeben für dich!
Traust du mir das noch zu, dass ich dich verwandle? Schau ihn dir an. Nimm dieses Bild in dir auf. Die Betrachtung Jesu ist so etwas wie ein Entgiftungsprozess. Schau auf Jesus, nimm dir ein Bild und stelle es hin. Er wird dich gestalten und verwandeln.

tgiftung

Ich
bin der Weg
und die
Wahrheit und das
Leben.
Joh. 6,14

Der Physiker Albert Einstein sagt: Die einfachsten Fragen sind die schönsten Fragen.
Darum zu diesem Bibelwort eine einfache Frage: Was ist eigentlich ein Weg?
Ein Weg ist kein Spielplatz, kein Arbeitsplatz, kein Rastplatz, kein Schlafplatz.
Als Mensch kann ich einen Weg zweckentfremden. Dann bin ich allerdings hockengeblieben und bleibe zurück. Ein Weg ist erst dann ein Weg, wenn ich ihn gehe.
Wenn ich nicht losgehe, dann ist der Weg höchstens ein Standpunkt. Menschen mit zu festen Standpunkten sind unbeweglich. Sie bleiben meist zurück. Oftmals sind die Wege, die da vor mir liegen, auch nicht gerade.
Ich schaue nicht um die nächste Kurve. Ich weiß auch nicht, was dahinter kommt, was mich erwartet an Überraschungen, an Hindernissen. Ich weiß nicht, wie es weitergeht. Ich möchte es aber am liebsten vorher wissen. Es gibt Menschen, die gehen nur auf Wegen, die sie schon gut kennen und schon oft gegangen sind. Aber wenn ich keine neuen Wege gehe, erfahre ich auch nichts Neues.
Ein Weg wird erst dann für mich zum Weg, wenn ich ihn gehe. Nun gibt es da auch noch die Weggabelungen. Und an manchen Stellen auch noch recht komplizierte. Da gehen drei, vier Wege an einer Stelle ab, und das alles ohne Wegweiser. Ich muss mich entscheiden.
Solche Entscheidungen sind immer mit dem Risiko des Vertrauens verbunden, denn ich schaue ja nicht um die nächste Kurve. Es könnte ja auch der andere Weg der richtigere, bessere, schönere, kürzere sein. Weggabelungen sind manchmal sehr vertrackte Situationen in unserm Leben. Sie bereiten uns Sorgen, Ängste und schlaflose Nächte.
Wie ist das eigentlich bisher in meinem Leben mit meinen Wegen gewesen?
Welche Wege möchte ich nicht noch einmal gehen?
An welche Wege erinnere ich mich gerne?
Auf welchem Weg bin ich eigentlich gerade?

Jesus sagt nicht: Ich zeig dir, wie du den Dreh rauskriegst, den richtigen Weg zu finden, sondern: Ich bin der Weg. Wenn du zu mir in einem positiven Verhältnis lebst, bist du auf dem richtigen Weg, in deinem Land, in dem Lebensraum, in dem sich dein Leben entfaltet. Egal, welche Wege du gehen musst. Ich bin mit dir auf deinem Lebensweg.

Ich bin die Tür; wenn jemand durch mich hineingeht, wird er selig werden.

Joh 10,9

Offene Türen

Eigentlich war es ein ganz normaler Abend gewesen, fast eine Familienidylle. Aber dann ging die gleiche Leier wieder los: „Nimm die Füße bitte runter! Geht die Musik nicht etwas leiser? Deine Colaflasche macht Ringe auf der Tischplatte!"
Ein Wort gab das andere – es war einfach eskaliert. Krachend warf Tobias die Haustüre ins Schloss. Er hatte ein paar Sachen in die Sporttasche geschmissen und ist einfach abgehauen. Heute Nacht könnte er vielleicht bei Thomas bleiben – aber dann? Der Vater stand wütend mit der Bierflasche in der Hand im Wohnzimmer: „Dann sieh' doch zu, wie du alleine klar kommst", hatte er hinterher geschrieen. „Ich kann mir doch nicht alles bieten lassen!"
Doch für den Vater war klar, hier war mehr als die Haustür, hier war auch die Tür zu seinem Sohn zugeschlagen. Die Gedanken jagten ihm durch den Kopf:

- Wo wird er heute Nacht bleiben?
- Wo mag er jetzt sein?
- Wo will er denn hin?

Türen gibt es nicht nur außen an Häusern oder Mauern, sondern auch innen. Auch ein Mensch kann zuschließen. Die Türklinke zum Herzen, zum Inneren eines Menschen, ist immer innen, niemals außen. Millionen von Menschen haben Gott gegenüber die Türe zugeworfen, sie sind einfach gegangen.
Doch so wie der Vater von Tobias seinen Sohn nicht einfach vergessen kann, so kann Gott seine Menschen nicht vergessen. Jesus sagt im Johannesevangelium: „Ich bin die Tür". Durch diese Tür haben Menschen einen offenen Zugang zu Gott, dem Vater. Diese Tür ist auf. Wir könnten wieder mit ihm reden. Beten nennen wir Christen das. Die innere Tür ist entscheidend, vielleicht ist heute eine gute Gelegenheit, von innen wieder aufzumachen.

Ohne Licht kein Leben

Jede und jeder kennt sicherlich eine Situation im Leben, in der das Licht ausgegangen ist. Das kann ganz unterschiedlich sein. Wenn man eine entscheidende Klassenarbeit zurück bekommt. Wenn auf der Autobahn plötzlich das rote Lämpchen der Lichtanlage aufleuchtet, das Licht schwach und schwächer wird und du dann mutterseelenallein auf einem Parkplatz im Dunkeln stehst. Du hast dich auf eine Beziehung eingelassen, es schien alles super zu sein. Doch du merkst, das war eine Täuschung. Das Licht, die Perspektive ist wie ausgeblasen. Das Licht, mit dem man das Leben hätte gestalten können, ist einfach aus.
Ohne Licht, innen und außen, ist kein Leben möglich. Ohne Licht wächst nichts, keine Blume, kein Grashalm – nichts. Aber dann, wenn ein wenig Licht, z. B. in einen Keller fällt, schon wächst ein wenig Moos.
Ohne Licht – kein Leben. Ohne Licht – keine Perspektive, keine Pläne.

Ich bin in die Welt gekommen als ein Licht, damit, wer an mich glaubt, nicht in der Finsternis bleibe.
Joh. 12,46

Unsere Galaxie bräuchte sich nur um einige tausendstel Lichtjahre verschieben, und auf unserem blauen Planeten ginge das Licht aus. Das Tageslicht, das ich sehe, ist eigentlich eine göttliche Erfahrung. Wir haben es nicht produziert, erfunden oder hergestellt. Das Licht dieses Tages ist ein Geschenk Gottes auch an mein Leben. Ich kann es nur dankbar annehmen.

Ohne Licht – kein Leben. Auch in mir nicht. Es ist nicht egal, ob es in mir heute hell oder dunkel ist, denn das Licht in mir ermöglicht mir Perspektiven, nötige Entscheidungen. Es ist eben nicht egal, was ich in meine Seele, meinen Geist, mein Herz, meine Wesensmitte, reinlasse. Was mich ausfüllt, hell oder dunkel macht. In mir ist ein Raum, und es ist nicht egal, wie es darin aussieht.

Jesus sagt: Ich möchte in dir wohnen. Bei dir zu Hause sein. Deinen Innenraum, dein Herz, hell machen. Von dieser Helligkeit, von diesem Licht, dringt dann auch etwas nach draußen zu anderen Menschen.

Mir tut es einfach gut, mein Leben immer wieder der Gegenwart Jesu, seinem Licht auszusetzen. Gebetszeiten zu haben, Gottesdienste, Stille und Schweigetage, Einkehrfreizeiten zu erleben. Damit mir geistlich nicht das Licht ausgeht.

Ihr seid meine Freunde.
Joh. 15,14

Gebet als Lebensstil

Marc hatte mit 28 Jahren einen Traumjob. Er jettet für einen Multikonzern durch die Welt. Ist mit Laptop und Handy ständig online. Hatte irgendwann herausgefunden, welche Klamotten ihm gut standen. Durch gezieltes Studium und Fortbildung hatte er seinen Marktwert gut platziert. Aber – so Marc wörtlich: „Nach jedem Dinner mit neuen Kunden und Geschäftspartnern hatte ich mit dem bitteren Geschmack des Espressos auf der Zunge auch den bitteren Geschmack des „Alleinseins" in meinem Herzen. Du funktionierst, bist überall, machst die große Kohle, aber du bist nirgends mehr zu Hause. Eigentlich kannst du morgen ausgewechselt oder durch intelligente Maschinen ersetzt werden. Du hast in Wirklichkeit keine Bedeutung.

Dabei hat sich mein Glaube an Jesus Christus einfach verflüchtigt. Darum bin ich zu diesem Gebetsseminar gekommen. Vielleicht kann ich noch einige Bruchstücke zusammenflicken oder vielleicht einen neuen, geistlichen Lebensstil finden."

Marc hat an diesem Wochenende zwei Dinge gecheckt:

- Es gibt manche Dinge in meinem Leben, die muss ich nach Jahren wieder anschauen, ob ich sie denn immer noch so leben kann, wie ich sie bis jetzt gelebt habe. Haben sich meine Erkenntnisse so verändert, dass ich eine neue Erkenntnis von Gott gewinne, z. B. das Gottesbild der Freundschaft?
Jesus sagt: „Ihr seid meine Freunde".
Das war für Marc an diesem Wochenende ein Aha-Erlebnis. Eine Freundschaftsbeziehung zu Jesus in einer globalisierten Welt zu gestalten, darunter konnte er sich etwas vorstellen. Mit Jesus zu kommunizieren, für ihn online zu sein, sich in einem ständigen Gespräch mit ihm zu befinden. Für Jesus eine hohe Bedeutung zu haben. In solch einer Freundschaft beheimatet zu sein.

- Das zweite, was Marc gecheckt hat: „Eine solche Freundschaft lasse ich mir nicht durch die Lappen gehen."
Es gibt Dinge, die kann ich nicht einfach lassen. Eine Freundschaft, in der man nicht mehr mit einander redet, ist gestört. Ich kann auch das Gespräch mit Gott nicht einfach lassen. Freundschaften, die mir wichtig sind, die muss ich auch wollen. Die dürfen mich dann auch etwas kosten an Zeit für Begegnungen, die ich nicht nur schnell neben-

bei erledige. Es darf mich auch Geld kosten, ein Gebetswochenende oder einige Urlaubstage für eine Retraite oder für Stille Tage. Hier will ich Gebets-Rituale einüben, damit sie zu meinem Lebensstil werden, um in dem Chaos meiner überstressten Lebensabläufe die nötige Aufmerksamkeit für mein Beten zu finden.

Rituale sind wiederholbare Handlungen. Rituale muss man üben, damit man sie jeder Zeit wiederholen kann. Gebets-Rituale dienen dazu, meinen Geist am Herumstreunen zu hindern, gegenwärtig zu sein. Wichtig ist mir, dass ich Alltagsrituale habe, die ich immer und überall leben kann. Damit mir das Gebet zum Lebensstil wird. Ob im ICE, im Bistro, in der Sauna, am Arbeitsplatz, im Flugzeug, in der Schule oder in der Kirche. Nirgendwo ist Gott fern, denn die Freundschaft zu Gott besteht, egal, wo ich bin.

Da lief Philippus hin und hörte, dass er den Propheten Jesaja las und fragte: Verstehst du auch, was du da liest? Er sprach: Wie kann ich, wenn mich niemand anleitet.

Apg 8,30.31

Was verstehe ich eigentlich, wenn ich etwas nicht verstehe? Denn wenn ich etwas nicht verstehe, dann verstehe ich ja auch etwas. Dann verstehe ich vielleicht:
- Dass ich die Zusammenhänge gar nicht kenne.
- Dass mir ganz schlichte Informationen fehlen, oder ich irgendwann ganz einfach nicht aufgepasst habe.
- Dass ich von dieser Sache, Person, Angelegenheit, keine Ahnung habe.

Der äthiopische Finanzminister verstand eine Menge von Staatsgeldern. Er konnte Steuergesetze, Steuererklärungen und Haushaltspläne lesen und verstand diese auch. Doch nun versteht er etwas nicht und dann versteht er etwas. Er versteht, dass er eine Anleitung braucht zum Bibellesen, um den Jesaja zu verstehen. Viele Menschen auf dieser Welt sind gebildete Menschen in sofern, dass sie lesen können. Die Bibel ist inzwischen in viele Sprachen übersetzt. Ich muss nicht Hebräisch lernen, um den Propheten Jesaja lesen zu können. Aber es geht trotzdem vielen Menschen so, wenn sie in der Bibel lesen, dass sie es einfach nicht verstehen. Es geht ihnen nicht anders als diesem Finanzminister. Wir brauchen heute auch Anleiterinnen und Anleiter zum Bibellesen.

Die Finanzminister sitzen heute in anderen Wagen und in Flugzeugen. Sie haben die unterschiedlichsten Berufe, aber vielen von ihnen geht es genauso. Wenn sie in der Bibel lesen, dann verstehen sie nicht. Manche von ihnen verstehen dann, weil sie nicht verstehen, dass sie eine Anleitung brauchen.

Dann allerdings verstehen sie wie jener Finanzminister damals, dass die Bibel mehr ist als ein Buch. Die Bibel ist schriftgewordene Geschichte Gottes mit seinen Menschen. In der Bibel wird erzählt, was Gott mit seinen Menschen erlebt hat, und was die Menschen mit Gott erlebt haben.

Solche Geschichten werden weitererzählt und indem sie erzählt werden, geschehen sie. Wir werden dann zu Philippus, d. h. andere anleiten, damit sie Gott verstehen.

Zugänge eröffnen mir Perspektiven. Wenn ich keinen Zugang habe, dann bin ich draußen. Es kann für mich wichtig sein, einen Zugang zu Informationen, zu Material, zu Menschen, vielleicht auch zur Kirche zu bekommen. Oder Zugang zu einer Ausbildung, zu Räumen, Geld und Einfluss. Was einen Menschen an Zugängen reizt, ist in verschiedenen Altersphasen sehr unterschiedlich. Z. B. der kleine Bub, der einen Zugang zu einer Höhle gefunden hat oder ein Loch im Zaun, das ihm den Zugang zu Nachbars Kirschen ermöglicht. Später dann der Zugang zum Internet, der mich mit einer Menge Informationen und interessanten Ereignissen versorgt. Zugänge zu haben, ist wichtig. Zugänge sind aber unterschiedlich strukturiert. Der Zugang zum Banktresor ist ein anderer, als zur Speisekammer oder zum Internet. Der Zugang zu einem Menschen ist eine noch sensiblere Angelegenheit. Wann muss eigentlich welcher Zugang wie beschaffen sein, dass ich das bekomme, was ich haben möchte oder brauche?

Von daher hat Paulus hier eine echt steile Behauptung gesetzt. Denn in allen Jahrtausenden haben Menschen darüber spekuliert, dass es da oben – oder da unten – also, was wir mit Himmel oder Hölle oder mit Transzendenz beschreiben, noch so etwas wie Gott geben müsste. Dieser Blaue Planet mit seiner genialen Natur, vom Ameisenlöwen bis zum Elefanten, kann kein Zufall sein, dachten die Menschen. Da steckt ein Schöpfer dahinter, der das alles geschaffen hat. Das, was außerhalb des menschlichen Zugangs vermutet wurde, nannten die Menschen in ihrer jeweiligen Sprache Gott oder Götter. Und dann haben sie sich Zugänge zu diesen Göttern ausgedacht. Die einen haben es durch Magie, andere mit Zauberei und Opfern oder durch Einhalten von Gesetzen versucht.

Es waren immer Versuche, sich einen Zugang zu Gott zu verschaffen. Darum waren die Leute damals in Rom ganz schön verblüfft, als Paulus schrieb: „Wir haben einen Zugang zu Gott. Und zwar hier und jetzt. Durch Jesus Christus." Das ist der Schlüssel, der Code, der Chip, das Passwort! Wir haben Zugang zu Gott und zur ewigen Herrlichkeit. Diesen Zugang hat uns Gott selbst eröffnet, indem er seinen Sohn in diese Welt sandte. Der Zugang zu einem Menschen ist eine hoch sensible Angelegenheit. Sie braucht Zeit zum Zuhören, Wahrnehmen, miteinander reden, dem Anderen vertrauen.

Wenn ich an Jesus glaube, ihm vertraue, erkenne ich Gott. Vertraut werden mit Jesus heißt, den Zugang zu Gott leben.

Durch Jesus Christus haben wir Zugang im Glauben zur Gnade, in der wir stehen, und rühmen uns der Hoffnung der zukünftigen Herrlichkeit, die Gott geben wird.
Römer 5,2

Gottes
unsichtbares
Wesen, das ist
seine ewige Kraft
und Gottheit, sie
wird seit der
Schöpfung der
Welt ersehen aus
seinen Werken,
wenn man sie
wahrnimmt, so
dass sie keine
Entschuldigung
haben.

Römer 1,20

Es war an einem Regentag bei einer Städtetour in Berlin. Wir saßen im Hallenbad auf den warmen Steinbänken und vor uns versuchte ein Junge seiner Freundin das Tauchen beizubringen. Er hatte ihr alles super erklärt. Dass sie die Luft etwas ablassen soll und sich dann unten am Boden wieder abstoßen. Aber diese Tauchübung wurde ein Misserfolg. Das Mädchen hatte einen Fehler gemacht. Sie hatte unter Wasser eingeatmet.

Es gibt Dinge, Phänomene, in dieser Welt, die sind in ihrer Struktur vorgegeben. Darüber kann ich nicht diskutieren, die kann ich nur akzeptieren. Wenn ich mit dem Wasser zurecht kommen will, dann muss ich über Wasser einatmen und unter Wasser ausatmen. Ich richte mich nach der Struktur des Wassers, denn das Wasser richtet sich nicht nach meinen Vorstellungen. Das ist mit dem Wasser so, das ist mit der Luft so. Ohne Sauerstoff kann ich nicht leben. Das ist allen klar.

Wenn ich die vorgegebenen Strukturen akzeptiere, dann komme ich mit dem Leben zurecht.

Paulus fragt und ich schließe mich seiner Frage an: Warum soll das denn ausgerechnet bei Gott anders sein? Da gibt es Menschen, die sagen, ist okay mit dem Wasser, ist auch okay mit der Luft, aber bei Gott hätte ich es gerne anders. Gott sollte eigentlich so sein, wie ich mir das denke. Oder ich denke mir einfach mal, dass es Gott gar nicht gibt, weil er in meine Denkmuster nicht reinpasst.

Wer bist du denn, Mensch, sagt Paulus, dass du Mensch das plötzlich bestimmen willst, wie man Gott erkennt? Du bist Geschöpf und nicht Schöpfer! Gott hat eine Struktur vorgegeben. Gott hat sich in dieser Welt zu erkennen gegeben – und das tut er bis heute. Gott hat in dieser Welt sein Gesicht gezeigt in seinem Sohn, in Jesus Christus. Gott wurde Mensch, Person. Gott hat eine personale Struktur vorgegeben.

Eine Person erkenne ich, wenn ich ihr zuhöre, wenn ich mit ihr rede, wenn ich sie anschaue, wenn ich Zeit für sie habe, ihr begegne. Ich will wissen, was der oder die andere denkt, fühlt, braucht. Das ist mit Gott genau so. Wir erkennen Gott nicht, wenn wir diese

Struktur ignorieren, sondern wir erkennen Gott, wenn wir diese Struktur akzeptieren. Ich werde in meinem Leben Begegnungsräume schaffen, in denen Jesus mir begegnen kann. Das bedeutet, Zeit haben, schweigen, zuhören, anschauen, reden und das möglichst gemeinsam mit anderen Menschen. Das nennen wir dann Gemeinde- und Jugendarbeit, als Wahrnehmungsorte Gottes.

Jesus Christus
ist von Gott
gemacht zur
Weisheit und zur
Gerechtigkeit und
zur Heiligung und
zur Erlösung.

1.Kor. 1,30

Es ist manchmal echt erstaunlich, was Leute sich so alles zusammenglauben. Sie glauben an Hexen, Elfen, Geister, den Teufel, außerirdische Wesen.

Als Paulus seinen Brief nach Korinth, also nach Europa, schreibt, da strotzte diese Stadt von Religionen und Götzenglauben. In dieses religiöse Durcheinander hinein beschreibt Paulus gleich am Anfang das Kernstück, die Mitte christlichen Glaubens.

Religion ohne Jesus, ohne Erlösung, kann zum absoluten Stress führen. Darum Paulus im Originalton: Gott hat diesen Jesus zur Weisheit, zur religiösen Klugheit, gemacht. Der Durchblick liegt in ihm. Und in ihm, durch ihn hindurch, habe ich quasi den Durchblick für mein Leben. Der Heilige Geist befähigt den menschlichen Geist zum Durchblick. Ich blicke, was ich kann, wie ich entscheiden soll. Ich weiß, was ich will, wo es lang geht. Allerdings werde ich mich dann auch seiner geistigen Einflussnahme aussetzen.

Für uns zur Gerechtigkeit.

Ich weiß nicht, ob wir uns an Augenblicke in unserem Leben erinnern können, in denen uns Unrecht geschen ist. Was hat das bei uns ausgelöst? Totaler Frust? Waren wir verletzt, eingeschnappt, beleidigt? – Und wie gehen wir mit Gott um? Gerecht? Fair? Normalerweise sind wir Gott gegenüber total auf Nehmen eingestellt. Wir nehmen: Schöpfung, Sonne, Licht, Sauerstoff, Nahrung, Leben – und kümmern uns bei Lichte besehen nicht um den Geber, um Gott. Das ist nicht fair und nicht gerecht. Jesus ist mit Gott fair und gerecht umgegangen, darum ist er für uns zur Gerechtigkeit geworden.

Für uns zur Heiligung.

Das Wort Heiligung kommt von heilig. Heilig ist das ganz Andere, Vollkommene. Heilig ist allein Gott. Wir sind nicht vollkommen. Unsere Heiligkeit liegt in unserer Einheit mit Jesus, weil er der zu Gott Gehörende ist.

Für uns zur Erlösung.

Es ist wirklich befreiend, wenn ein Mensch von einer Last, Schuld, Verirrung, Sucht, los kommt. Erlöst wird. Da kann er/sie wieder aufatmen. Es gibt eine Lösung.

In dem manchmal nicht fairen Verhältnis zwischen Gott und mir gibt es eine Lösung. Jesus Christus ist für mich zur Erlösung gemacht. Nicht wir sind die religiösen Macher, sondern Jesus hat für uns schon alles gemacht:
zur Weisheit
zur Gerechtigkeit
zur Heiligung
zur Erlösung.   Damit kann man leben.

Ich saß im ICE auf der Strecke zwischen Fulda und Kassel. Eine junge Dame hüpfte plötzlich aufgeregt durch den Großraumwagen und fingerte an ihrem Handy herum. Dann endlich hatte sie ihn an der Strippe: „Hi, Schatz, bist du jetzt erst aufgestanden?!" Ich konnte mir um 11.15 Uhr den leicht verknitterten Schatz am anderen Ende des Handys gut vorstellen. Dann rauschte der Zug mit 200 Stundenkilometern in den nächsten Tunnel. Die junge Dame starrte entgeistert auf ihr Handy. Dann kam der wie selbstverständlich an alle Mitreisenden gerichtete Satz des Entsetzens: „Jetzt is' er weg!"

Den Jüngern Jesu stand nach Ostern auch das Entsetzen ins Gesicht geschrieben. Es könnte gut der gleiche Satz gefallen sein:
„Jetzt is' er weg!"

Es ratterten noch die Ereignisse der letzten Tage durch ihre Köpfe und zugleich hatten sie ganz schön Angst vor dem, was nun kommen könnte. Verhaftung, Verfolgung, Vertreibung? Was sollten sie machen? Irgend etwas musste doch passieren! Jesus war eben weg. Erst 50 Tage später, nachdem das mit dem Heiligen Geist passiert war, haben sie kapiert, was Auferstehung heißt: Auferstehung heißt nicht, Jesus ist weg. Sondern Jesus ist da.

Durch die Auferstehung durchbricht Gott den durch den Tod zeitlich begrenzten Lebensraum und ist im Heiligen Geist jetzt gegenwärtig. Dadurch bezeugt der Heilige Geist den Auferstandenen in unserer Geschichte. Wenn Menschen zum Glauben an Jesus Christus kommen, dann haben sie sich den Glauben doch nicht selbst aus der Nase gezogen. Dann ist das eine Auswirkung der Auferstehung Jesu Christi. Wenn ich aus meiner eigenen Kraft meinen Glauben, meine Beziehung zu Jesus zu gestalten versuche, dann beiße ich mir daran ganz schön die Zähne aus. Mit dem Auferstandenen leben heißt, er setzt in mir die Kräfte frei, die ich brauche.

Paulus sagt: Weil Jesus auferstanden ist, darum ist er nicht weg, sondern da.

Hier liegt der Unterschied zu der Frau mit ihrem Handy im ICE. Jesus ist nicht weg, sondern da.

Ist aber Christus nicht auferstanden, so ist unsere Predigt vergeblich, so ist auch euer Glaube vergeblich.
1. Kor. 15,14

In
Christus
versöhnte Gott
die Welt mit
sich selbst.

2.Kor 5,10

Karfreitagserinnerung am Freitag

Es war an einem Freitagmorgen um 7:10 Uhr. Ich war zu spät aufgestanden, hatte die Zeit zu knapp geplant. Eine um wenige Minuten verpasste S-Bahn brachten mir eine Stunde Wartezeit auf den nächsten Zug. Der Stuttgarter Hauptbahnhof – voller Leben, voller Menschen:
- Die Frau, die zwischen dem schreienden Kind im Kinderwagen und dem zu großen Handgepäck zu jonglieren versuchte, um ihren Zug zu erreichen.
- Der Alkoholiker, der hinter dem Müllcontainer die kleine Flasche Magenbitter auf Ex runterkippte.
- Die viel zu junge Fixerin, die verzweifelt ihr Geld für den nächsten Schuss zusammenbettelte.
- Die Herren mit den maßgeschneiderten Anzügen und Staubmänteln überm Arm, den genormten Aktenkoffern, den „Spiegel" oder „Die Zeit" unterm Arm, die dem Erste-Klasse-Bereich des ICE zustrebten.
- Das ältere Ehepaar, das sich zum dritten Mal auf dem Wagenstandanzeiger vergewisserte, dass sie an dem richtigen Gleis auf ihren Zug warteten.
- Der Strichjunge, der völlig durchgefroren die Nacht im Schlosspark auf einer Bank gepennt hatte und mich um eine Tasse heißen Kaffe zu seinem Käsebrötchen bittet.

Als ich dann endlich in meinem Zug sitze, fällt mir ein, was ich in meiner Stillen Zeit gelesen hatte, bevor ich aus dem Haus ging: Jeder Freitag ist Karfreitagserinnerung. An diesem Tag erinnern wir Christen uns an das stellvertretende Leiden, Sterben und Auferstehen Jesu Christi für alle Menschen.
Jesus ist für die Menschen gestorben, die aus ihrer Balance geraten sind. Versöhnung für die Welt.
Jesus Christus ist also für mich – und nicht gegen mich.
Karfreitag stellt die Dinge auf den Kopf. Am Kreuz von Golgatha weist Gott keine Schuld zu, sondern nimmt Schuld, Versagen, Gier, Hass, Verirrungen auf sich selbst.
Die Freitagserinnerung an Karfreitag ist zugleich eine Ermutigung, das eigene Leben anders zu sehen, sich aber auch anderen Menschen, die anders sind als ich, zuzuwenden.
Dieses Erinnern gibt mir Hoffnung für den eigenen Weg, den Mut, Hilfe von anderen anzunehmen, aber auch anderen Menschen Halt und Hilfe zu geben.

Darum: Karfreitagserinnerung am Freitag.

Ist jemand in Christus, so ist er eine neue Kreatur; das Alte ist vergangen, siehe, Neues ist geworden.

2. Kor. 5,17

Als Paulus diesen Brief an die ersten Christen in die Hafenstadt Korinth schrieb, gab es damals schon so etwas wie einen religiösen Supermarkt. Ähnlich wie heute in unseren Städten.

In Korinth tummeln sich auf dem religiösen Markt:
- griechische Mythologien im Opfertempel für Zeus
- überall stehen die Standbilder der römischen Kaiser, um diesen als Gott zu verehren
- in ostasiatischen Göttermythen, vermischt mit griechischer Philosophie, versuchen die Menschen den göttlichen Lichtfunken in sich zu entdecken
- germanische Söldner bringen auch in Griechenland Wotan ihre Opfer
- Juden versuchen mit verzweifelter Leidenschaft das Gesetz Mose zu halten und durchzusetzen.

Paulus tritt mit dem hohen Anspruch auf: Die alten Religionen sind vergangen. Ich bringe euch etwas Neues. Und die Menschen werden gefragt haben: Was ist denn das Neue, Herr Paulus? Das, was Paulus hier erklärt, unterstreicht der dänische Theologe und Philosoph Kierkegaard mit einem eindrücklichen Bild. Er sagt: Alle Religionen haben die Bewegung einer Treppe. Die Menschen stehen unten. Oben ist Gott. Und nun versuchen die Menschen mit ihren religiösen Übungen und Praktiken, die Treppe rauf zu kommen.

Paulus sagt: Pustekuchen! Gott hat durch Jesus Christus die Dinge auf den Kopf gestellt. Darin liegt das Neue: Ich muss nicht mehr die Treppe rauf, sondern Gott ist durch Jesus die Treppe runter gekommen – und anschließend nicht wieder abgehauen, sondern er ist geblieben. Er hat sich mit meinem Leben so verbunden, dass ich eine neue Kreatur geworden bin.

Ich lebe in Jesu Wirklichkeit mit meinen Fehlern, Defiziten, meiner Schuld, meinem Versagen, Unvermögen, Lachen, Weinen. Das ist neu.
Es gibt keinen besseren, perfekteren Glauben, es gibt nur Glauben an Jesus. Alles andere ist ein religiöser Treppenwitz. Das ist neu.
Ich bin in Jesus Christus – und er ist in mir. Das Alte – die Anklage – ist vorbei! Ans Kreuz geheftet. Wenn in der Ewigkeit mein Leben verhandelt wird, dann nicht mehr allein unter meinem Namen, sondern unter dem Namen Jesu. Das ist neu.
Ich bin der neue Mensch, die neue Kreatur.
Stinkt uns das nicht zu sehr nach Vermessenheit? Hochmut? Nein, du bist nicht ver-

messen, du bist der neue Mensch! Mit deinen Fehlern, Schwächen, Zweifeln, mit Zahnschmerzen. Der Mensch, der in Jesus Christus ist, ist der neue Mensch. Ich in ihm und er in mir. Vor Gott genügt das. Jesus ist nicht das Mittel, um einen Zweck zu erfüllen, sondern Jesus möchte die Mitte meines Wesens sein.

Siehe, jetzt ist die Zeit der Gnade, siehe, jetzt ist der Tag des Heils!
2. Kor. 6,2

Julia und Marcel waren nun schon seit über drei Stunden zu Fuß unterwegs. Jetzt lag noch eine Bergkette vor ihnen. Eigentlich mehr eine Hügelkette. Aber nach diesem Fußmarsch – mit dem Gepäck – da erschienen die 400 m hohen Hügel wie Berge. Aber dahinter müsste sie liegen.

Julia hatte vor einer Stunde ihre bescheuerte Tasche nicht mehr hoch gebracht. Seitdem hatte Marcel sie zusätzlich zu seinen eigenen Klamotten an diesen entsetzlich schmalen, einschneidenden Riemen über seiner Schulter hängen. „Was sie bloß alles mitschleppt", dachte er. „Mindestens die Hälfte unnützer Kram, den kein Mensch auf solch einer Reise brauchte." Er hatte einmal Wäsche zum Wechseln, ein zweites Paar Sandalen. Das war's! Überall konnte man seine Sachen waschen, die Leute waren freundlich und gastfrei. Allein diesen ganzen Bücher- und Papierkram, den Julia morgens immer wieder penibel zusammen gebunden hatte, nochmals eingewickelt, damit kein Stäubchen dran kam und dann in die Tasche packte. Das Zeug musste für sie einen unheimlichen Wert haben. Deshalb stöberte sie ja auch die halbe Nacht darin herum. Jeden Tag, vor allem vormittags, lerne sie auf dem Weg etwas davon auswendig, sagte sie.

Marcel verstand das alles nicht. Lesen konnte er sowieso nicht. Vor vier Wochen hatten sie sich mehr oder weniger zufällig getroffen. In einem einfachen, billigen Straßenrestaurant. Marcel hatte kein bestimmtes Ziel, war nur unterwegs. Julia gefiel ihm auf den ersten Blick: Die langen, schwarzen, nach hinten zusammen gebundenen Haare, die großen, feuchten, braunen Augen. Wenn ihr die Spange aus den Haaren rutschte, war Marcel wie ein Wiesel, um ihr behilflich zu sein.

Julia hatte ein Ziel. Sie wusste, was sie wollte. Alles, was sie tat, war auf dieses Ziel bezogen. Wie oft hatten sie in der Sonne gelegen. Julia hatte versucht, es Marcel zu erklären:
- Wenn du ein Ziel hast, sortiert sich dein Leben,
- wenn du ein Ziel hast, gehen deine Gedanken nicht ständig spazieren.
- Wenn du ein Ziel hast, wird dein Leben spannend.
- Wenn du dieses Ziel dann noch mit anderen gemeinsam hast, wird es noch spannender.

Marcel war bis jetzt ein Träumer gewesen. Mal hier, mal da. War umhergezogen. Hatte

sich nirgends festgelegt. Wusste auch nicht genau, was er wollte. Bis zu diesem Tag, als er Julia traf. Sie hatte etwas. Sie hatte ihn fasziniert.
Jetzt lief ihm der Schweiß in die Augen. Er schleppte die ganzen Klamotten hier rauf. Julia, die einige Schritte schneller war mit ihrem Leichtgepäck, war stehen geblieben, fast wie erstarrt. Nun stand Marcel neben ihr. Er vergaß das Gepäck abzustellen. Beide starrten in diese herrliche Bucht hinunter. Unten lag sie. Eine der schönsten Hafenstädte der damaligen Welt. Julia nahm Marcel die Tasche ab, hauchte ihm einen Kuss auf die Stirn: Danke.
Sie suchte in der Tasche, rollte die Papyrusrolle aus und las: „Siehe, jetzt ist die Zeit der Gnade, siehe, jetzt ist der Tag des Heils!" (2. Korinther 6,2) „Dafür halte uns jedermann: für Diener Christi und Haushalter über Gottes Geheimnisse. Nun fordert man nicht mehr von den Haushaltern, als dass sie für treu befunden werden." (1. Korinther 4,1.2). Das ist der Brief des Paulus an die Menschen in Korinth, sagte Julia und in diesem Augenblick schnallte es Marcel.

Das war's, was Julias Leben ein Ziel gab! Das war's, das ihre Gedanken, Handlungen, auf den Punkt brachte. Das war's, was sie auswendig gelernt hatte. Jetzt ist die Zeit der Gnade. Und darum gibt es keine Zeit zu verlieren, es jetzt den Menschen zu sagen.

Christus
aber hat uns
erlöst von dem
Fluch des
Gesetzes, da er
zum Fluch wurde
für uns.

Galater 3, 13

Gesetze gibt es in unserer Gesellschaft weltweit jede Menge. Ohne Gesetze, Ordnungen gelingt das Leben nicht. Grundgesetz der BRD, die Menschenrechte bei der UN, die Straßenverkehrsordnung. Man hat an roten Ampeln zu halten und auf der Straße auf der rechten Seite zu fahren. Wenn jemand in einer Ortschaft statt 50 km/h mit 70 km/h fährt, dann verstößt er gegen das Gesetz.

Das Gesetz wird von Gesetzgebern durchgesetzt. Und wenn es nicht mehr durchsetzbar ist, dann herrscht Anarchie.

Darum hat Gott ein Gesetz gegeben, die zehn Gebote. Darin sind die Verhältnisse beschrieben, Ordnungen festgelegt, wie das Leben gelingen kann. Die Verhältnisse der Menschen untereinander und das Verhältnis zu Gott.

Hinzu kommen noch die ungeschriebenen Gesetze, die einem ganz schön zu schaffen machen können, z. B., was gerade Mode ist. „Mit diesem Pulli kann ich mich nicht mehr sehen lassen!" „Wie, du hast kein Handy?" Auch die ungeschriebenen Gesetze klagen mich an.

Wer das Gesetz nicht hält, das geschriebene und das ungeschriebene, bekommt was um die Ohren. Das Gesetz klagt mich an, was ich alles falsch gemacht habe.

Und damit steckt die Anklage, die Unsicherheit, das schlechte Gewissen in mir. Hab ich es denn auch recht gemacht?

Das ist das, was Paulus hier den „Fluch des Gesetzes" nennt. Menschen, die unter dem Gesetz stehen, laufen meistens mit einem permanenten schlechten Gewissen herum. Genau hier setzt Paulus den Schnitt an: Über das Gesetz komme ich nicht zu Gott, sondern Gott ist in Jesus Christus Mensch geworden, hat in seinem Sohn das eigene Gesetz selber durchgemacht und erfüllt. Gott ist der Handelnde, nicht der Mensch.

Wir brauchen in unserer Gesellschaft Gesetze, damit wir als Menschen untereinander zurecht kommen, aber zu Gott komme ich nicht durch das Gesetz, sondern durch Jesus Christus.

Er-Lösung = kann man nicht selber machen.

Diese Erlösung hat schön längst stattgefunden. Jesus hat gesagt: „Es ist vollbracht!"

Mein Verhältnis zu Gott ist von der Seite Gottes her geklärt. Darum bringt Jesus ja nicht ein neues, oder besseres Gesetz, sondern möchte in einem Vertrauensverhältnis zu mir leben.

Paulus sagt in Galater 3 Vers 25 und 26:„Nachdem aber der Glaube gekommen ist, sind wir nicht mehr unter dem Zuchtmeister des Gesetzes, sondern durch den Glauben sind wir Kinder Gottes". Sind wir aber Kinder, so sind wir nicht Gesetzeserfüller, sondern Erben dieser seiner Erlösung."

Darum sollten wir uns hüten vor Menschen und Religionen, die einen Gott nur im Himmel haben. Gott wurde Mensch in Jesus Christus und hat uns erlöst von dem Fluch des Gesetzes.

Es gibt Worte der Bibel, die sind im Laufe der Geschichte in das allgemeine Bewusstsein von Menschen hineingerutscht. Manchmal werden sie etwas verunstaltet, z.B. wird ein Wort weggelassen oder man weiß nicht mehr, dass sie in der Bibel stehen. So auch die Halbierung dieses Bibelsatzes: „Einer trage des Anderen Last." Dahinter steckt die einfache Erkenntnis, ich kann nicht alles allein. Ich brauche andere. Das ist bei der Arbeit so, das ist in der Familie so. Gemeinsam sind wir stärker. Dieses Wort Jesu ist zu solch einem geflügelten Wort geworden: „Einer trage die Last des Anderen." Aber geht das denn wirklich? Es gibt Dinge, die kann ich nicht aufnehmen, die löse ich nicht.

Einer trage des Anderen Last, so werdet ihr das Gesetz Christi erfüllen.

Galater 6,2

Einer trage die Last des Anderen, das heißt nicht, ich nehme dir alles weg. Ich mache jetzt das, was eigentlich deine Aufgabe wäre. Das kann es doch nicht sein. Aber das kann sein, dass ich nicht mit ansehe, dass der Andere sich abschleppt, dass er unter der Last, die man ihm da aufgeladen hat, zusammenklappt. „Trage die Last des Anderen", das kann auch mittragen heißen, Anteil nehmen, Erleichterung schaffen.

Manchmal wird eine Last auch schon dadurch leichter, dass andere davon wissen, dass ich es nicht packe. Die Prüfung, die Aufgabe, die Blamage. Dass diese Last mir die Luft wegnimmt.

Gibt es das in meinem Leben, dass ich jemandem etwas abgenommen habe, dass ich einem anderen Menschen ent-lastet habe? Oder anders: Wen könnte ich entlasten, unter Umständen an diesem Tag?

Was heißt das, das Gesetz Christi erfüllen? Jesus von Nazareth hat es vorgelebt. Er hat sich Menschen nicht einfach unter den Nagel gerissen, ausgetrickst, an die Wand gespielt, sondern er schiebt sich quasi unter das Leben des Anderen, mit all dem Schlamassel, der zu diesem Menschen gehört, und sagt: „Ich trage das mit. Ich helfe dir tragen." Solch ein Satz kann im Leben eines Menschen unheimlich viel ausmachen. Ich trage diese Entscheidung mit. Oder: Ich helfe dir tragen. Das sind Sätze der Solidarität. Und das Wort Solidarität wird in unserer Gesellschaft z.Zt. ganz klein geschrieben. Denn jeder trägt ja anscheinend schon genug an seiner eigenen Last.

Jesus hat sie gelebt, die Solidarität mit uns Menschen. Jesus schaut dein Leben an und sagt: „Ich trage das mit." Genau das ist gemeint. Er trägt den ganzen Schlamassel meines Lebens mit. Er hat ja nicht versucht, aus seinen Jüngern irgendwelche absolut belastbare Superhelden zu machen, sondern er hat sie mit ihren Belastungen getragen. Also hinschauen! Welchen Menschen kann ich in diesem Sinne tragen helfen?

Aus Gnade
seid ihr selig
geworden durch
Glauben, und das
nicht aus euch:
Gottes Gabe
ist es.

Epheser 2,8

Peter fuhr öfter diesen verbotenen, asphaltierten Feldweg in der Nacht. Er war dadurch satte 15 Minuten früher zu Hause, als über die offizielle Landstraße. Obwohl er jede Kurve kannte, war er in jener Nacht einfach zu schnell dran gewesen. Zwei Mal hatte sich das Auto überschlagen und war auf dem Dach liegen geblieben. Peter hing eingeklemmt, mit leichten Schnittwunden und Prellungen, mit gebrochenem Arm zwischen Sicherheitsgurt und Lenkrad. Seine verzweifelten Selbstbefreiungsversuche, Hilferufe und Stoßgebete hatten nach seiner eigenen Einschätzung 45 Minuten gedauert, dann muss er wohl ohnmächtig geworden sein. Er wurde wach, weil ihn eine Hand berührte und er durch das Loch der rausgeflogenen Windschutzscheibe in dem frühen Morgengrauen ein Gesicht sah. Peter erzählte mir einige Tage danach: „In dem Augenblick wusste ich, was Gnade ist." Gnade ist Rettung, wenn du selber nichts mehr machen kannst. Wenn dich jemand aus einer Situation rausholt, in der du hilflos drin hängst.

Gnade ist nicht selbst erarbeitet, nicht selbst verdient, nicht selbst gemacht. Gnade ist – wie von Gott berührt – Gnade ist ein Geschenk.

Bei Geschenken gibt es keine Gegenleistungen oder Rückfinanzierungen, sondern ein Geschenk ist umsonst. „Sola gratia", sagt Martin Luther. Gratis. Es kostet nichts.

Gottes Gnade ist nicht irgend etwas Abstraktes, kein kosmisches Kraftfeld, keine Formel, sondern die Gnade Gottes hat Gestalt, hat ein Gesicht. Jesus Christus ist das Gnadengeschenk Gottes für unser Leben.

Ich hänge verstrickt in der Geschichte meines Lebens. Mit allen Irrtümern, mit aller Schuld. Manchmal wie eingeklemmt in einem umgekippten Auto. Bevor ich auch nur einen religiösen Finger krümmen konnte, einen theologischen Gedanken denken, hatte Gott schon seinen Sohn gesandt.

Jesus Christus ist es, der seine Hand in die Trümmer meines Lebens hineinstreckt und mich berührt. Der mir das Leben noch einmal schenkt und mir eine neue Perspektive über meine jetzige Situation hinaus gibt. Peters Situation in dem umgekippten Auto war genau so. Das Vertrauen darauf, dass dieser Mensch da draußen es gut mit ihm meint, das ist der Punkt. Der Glaube daran, dass er dadurch, dass er gefunden ist, auch gerettet ist, war ja nicht seine Erfindung. Er entstand dadurch, dass er gefunden worden ist.

Also: Aus Gnaden seid ihr selig geworden durch Glauben und das nicht aus euch selbst.

Lebt als
Kinder des
Lichts.
Die Frucht des
Lichts ist
lauter Güte
und
Gerechtigkeit
und Wahrheit.

Epheser 5,8.9

Mehr Licht

Das gibt's tatsächlich. Menschen, die ständig eine miese Stimmung verbreiten. Aus zehn Meter Entfernung sieht man ihnen schon an, dass sie sauer sind. Sie verbreiten nicht gerade Helligkeit in ihrer Umgebung. Dann sind die Menschen um sie herum eben auch mies drauf, sauer, motzen rum. Da klappt nichts! Da ist kein Lachen, keine Gelassenheit, kein Strahlen, keine Ermutigung. Da ist es nicht hell, sondern dunkel. Es wird eher eine depressive Stimmung verbreitet, als eine Ermutigung.

Um solche Leute macht man am besten einen großen Bogen. Denn jeder strahlt etwas Negatives aus. Auf den anderen springt etwas von meiner augenblicklichen Situation über.

Und Paulus sagt: Lebt als Kinder des Lichts! Mit anderen Worten: Verbreitet doch nicht eine solche miese Stimmung! Seid nicht motzig, sauer, bockig, negativ, hektisch, dunkel, sondern strahlt doch mal ein bißchen Helligkeit aus. Ihr hättet als Christen doch allen Grund dazu. Ihr sagt doch, dass ihr die Schwierigkeiten eures Lebens nicht alleine bewältigen müsst, dass ihr eine Perspektive über die Dunkelheit eures Lebens hinaus habt. Gott hat es euch doch versprochen, dass ihr in Jesus Christus seine geliebten Kinder seid. Und Liebe verbreitet normalerweise nicht Dunkelheit, sondern Liebe macht meine Situation heller.

Was in mir ist, das strahle ich auch aus. Darum lebe ich bewusst in der Gegenwart Jesu, damit er mich füllen kann mit seinem Licht.

Was wäre das, wenn es in dieser Woche um uns herum ein wenig heller, wärmer, freundlicher, gelassener wäre?

Und der Friede Gottes, der höher ist als alle Vernunft, bewahre eure Herzen und Sinne in Christus Jesus.

Philiper 4,7

Die im Gang des Großraumwagens stehenden Leute, die keinen Sitzplatz hatten, waren sauer und muffelig. Der Zug hatte Verspätung. Die Anschlüsse wurden nicht mehr erreicht. Dann blieb er auf freier Strecke nochmals stehen. Einige fluchten vor sich hin. Dazwischen der Junge: „Mama, sind wir gleich bei Oma in Berlin?" „Nun sei doch vernünftig", sagte die Mama. Aber vor dem Jungen lagen noch etwa drei Stunden zermürbende Enge in einem vollgestopften Zug der Bahn. Erwachsene, bewaffnet mit gewichtigen Aktenkoffern, Laptops und Handys. Aber keiner hatte Spielzeug dabei, man konnte nicht durch den Gang rennen. Niemand lächelte dem Kleinen zu. Und da sollte er vernünftig sein?

Können denn Erwachsene mit vernüftigen Einsichten und Argumenten das Leben bewältigen?

Manche Leute meinen, mit der Vernunft alles in den Griff zu kriegen: Das Leben und die Lebensgestaltung, die Politik und ihre Strukturen. Der Umgang mit Gott, alles eine Frage der Vernunft. Die Situation des kleinen Jungen in dem überfüllten Zug? Eine Frage der Vernunft?

Leben, lieben, fasziniert, begeistert sein, Wut, Verzweiflung, lachen, weinen – alles nur eine Frage der Vernunft? Ich denke nein.

Auch Paulus muss damals den Braten schon gerochen haben, als er seinen Brief an die Philipper schrieb: „Der Friede Gottes, welcher höher ist als eure Vernunft, bewahre eure Herzen und Sinne."

Herz ist etwas anderes, als einen vernünftigen Gedanken im Kopf zu haben.
Meine Sinne: Sehen – hören – schmecken – fühlen – riechen – sind auch wichtige Wahrnehmungsmöglichkeiten.

Beziehungen spielen sich nicht nur im Kopf ab. Mein Leben mit all seinem auf und ab, hin und her ist auch eine Frage meines Herzens, nicht nur meines Kopfes.
Glaube an Jesus, an Gott, spielt sich nicht nur im Kopf ab, sondern ich bin mit allen Sinnen beteiligt.

Das ist der Grund, warum wir in der Jugendarbeit in den letzten Jahren neue und andere Formen von geistlichem Leben einüben, damit Glaube vom Kopf ins Herz kommt.

Wenn die Bibel vom Herzen redet, dann ist hier wesentlich mehr gemeint, als ein biologisches Organ. Es gibt ja auch kein menschliches Organ, das in der Literatur, Dichtung, Musik so oft erwähnt wird, wie das Herz.

Kein Sänger singt: „Dein ist meine ganze Milz." Aber: „Dein ist mein ganzes Herz", lässt Herzen höher schlagen. Psychische Empfindungen: Freude – Schmerz – Angst – wirken sich in der Tat auf meinen Herzschlag aus.

Das Herz ist, in der Bibel und auch in unserem Leben, die Mitte meiner Person. Das, was mich im Herzen betrifft, das, was mir zu Herzen geht. Was mich anrührt, das macht mein Leben aus. Das kann ich dann aber auch leben.

Ich bin durch Jesus Christus mit Gott versöhnt. Darauf setze ich mein Vertrauen, meinen Glauben. Dann kann ich zu Jesus beten, Stille halten, singen, hören, die Gegenwart Gottes spüren, die Zusage seines Wortes empfangen. Ich setze mich der Gegenwart dieses Augenblicks aus, damit mein Herz neu von ihm erfüllt wird. Das ist es.

Das überschreitet eigentlich alle Vernunft. Wenn ich glaube, damit rechne, dass der auferstandene Jesus Christus im Heiligen Geist jetzt gegenwärtig ist, dann ist es sehr vernünftig, so konkret mit ihm zu leben.

Die Logik hieße dann: Nun sei doch vernünftig und bete ihn an.

Betet ohne
Unterlass,
1. Thess. 5,17

Online

Martina hat endlich einen klasse Job als Sekretärin. Der erste Handgriff im Büro ist, den Computer einzuschalten. In der Zwischenzeit verstaut sie Mantel, Tasche und was sonst noch alles im Schrank und es erscheint auf dem Bildschirm die Bestätigung des Computers, online zu sein.
In der veragnangen Woche saß sie etwas nachdenklich vor dem Bildschirm. Sie dachte, online heißt ja soviel wie: Ich bin bereit – ich bin auf Empfang – ich höre dir zu – ich bin für dich ansprechbar – du kannst mit mir rechnen und du kannst mit mir kommunizieren.

Der Computer macht dabei keinen Unterschied zwischen Geschlecht, Rasse, Religion, Nationalität, Aussehen, jung oder alt, arm oder reich, dumm oder schlau.

Martina dachte, was wäre eigentlich, wenn wir Menschen auch so wären. Doch wie viele Voruteile, Bedenken, Misstrauen, abweisendes, kaltes Schweigen steckt in uns, wenn wir anderen, fremden Menschen gegenüber stehen. Hier sind wir plötzlich „offline", verschlossen, zu, nicht auf Empfang, nicht kommunikationsbereit, wir haben dicht gemacht oder schalten ab.

Gott ist da völlig anders. An dieser Stelle können wir von Gott lernen. Gott ist online uns Menschen gegenüber. Er ist jederzeit ansprechbar. Er hört mir zu. Er ist auf Empfang. Mit ihm kann ich rechnen, er hat nicht abgeschaltet.

Gott ist online. Er macht keinen Untercheid zwischen Geschlecht, Rasse, Religion, Nationalität, Aussehen, jung oder alt, arm oder reich, dumm oder schlau.
Sein Kommunikationskanal steht. Mit ihm kann ich reden. Die Bibel nennt diese Kommunikationsebene zu Gott „Beten". Beten ist nicht an reservierte Zeiten oder Räume gebunden, sondern Beten kann ich jederzeit und überall. Beten ist allerdings mehr, als eine Wunschliste zu Gott rüber zu mailen, sondern Beten ist Reden mit Gott und Hören.

Also, Gott ist online – lasst uns beten.

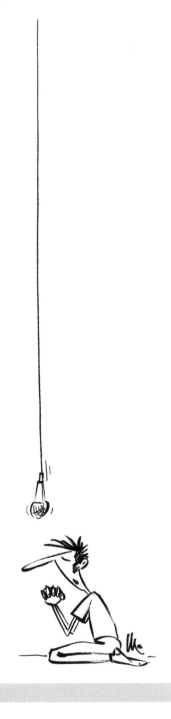

Fürchtet Gott und gebt ihm die Ehre; denn die Stunde seines Gerichts ist gekommen! Und betet an den, der gemacht hat Himmel und Erde und Meer und die Wasserquellen.

Offenbarung 14,7

Wenn wir eine Reise um die Welt machen und Menschen in den unterschiedlichsten Religionen begegnen könnten, dann würden wir die Entdeckung machen, dass in allen Religionen gebetet wird.

Ob in der Savanne Afrikas, in einem Iglu am Nordpol, in den Schweizer Bergen, in Flugzeugen, in Bistros, in Kirchen. Beten kann man überall und es wird überall auf der Welt gebetet. Es gibt keine Religion ohne Gebet.

- Damaskus oder Jerusalem: Muslime, die beten
- Jerusalem an der Klagemauer: betende Menschen
- eine Waldkirche in Finnland oder auf dem Petersplatz in Rom

Gebetet wird auf der ganzen Welt, täglich, stündlich. Die Frage ist: Zu wem?

„Betet an den, der gemacht hat Himmel und Erde." Die Adresse ist eindeutig: den Schöpfer des Himmels und der Erden.

Betet an den – der euch heute den Lebensraum zur Verfügung stellt.

Betet an den – der seinen eigenen Sohn zur Versöhnung aller Menschen dahin gegeben hat.

Betet an den – der heute mit dir in einer Einheit im Geist leben möchte: Jesus.

Beten kann man nicht von alleine!

Beten kann man nicht theoretisch, nur praktisch, genau wie Fahrrad fahren oder Ski fahren. Jesus selber ist ein Beter gewesen und hat unterschiedliche Formen des Betens gelebt:

Anbetung in Synagogen, in Tempelgottesdiensten, Gebetsgemeinschaft mit den Jüngern, er zog sich zurück in die Stille auf den Berg, um schweigend zu beten, Liturgisches Gebet beim Passahfest, beim Abendmahl, Psalmen am Kreuz.

In Johannes 17 ist uns ein ganz persönliches Gebet Jesu überliefert. In diesem Gebet hat Jesus für seine Jünger damals gebetet und für alle Menschen, die an ihn glauben. „Vater, ich bitte nicht allein für sie, sondern auch für die, die durch ihr Wort an mich glauben werden" (Joh 17,20).

„Betet an den, der gemacht hat Himmel und Erde..."
Nutze den Tag als einen Tag des Gebetes.

Ich weiß nicht, wie viele von uns sich wohl daran erinnern, dass sie in ihrem Leben mal wirklich richtig Durst gehabt haben. Ich meine nicht hier bei uns, an irgendeinem Nachmittag, an dem man nach einer Flasche sauren Sprudel nicht lange suchen muss. Oder nach einem Skitag, oder Fußballspiel. Nein, ich meine richtigen Durst. Durst, bei dem einem die Zunge schwer im Mund liegt. Durst, bei dem man den Eindruck hat, jetzt bin ich an meiner Grenze. Jetzt – und zwar jetzt, brauche ich etwas zu trinken.

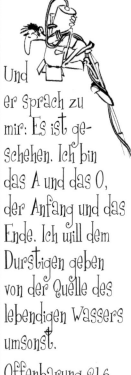

Und er sprach zu mir: Es ist geschehen. Ich bin das A und das O, der Anfang und das Ende. Ich will dem Durstigen geben von der Quelle des lebendigen Wassers umsonst.

Offenbarung 21,6

Im letzten Sommer bei der Bibelschule in Israel, an unseren beiden Wüstentagen, ist uns das passiert. Einige hatten sich total verschätzt. Die hatten den Ermahnungen nicht geglaubt, mindestens drei Liter Wasser mit zu schleppen. Nun musste das noch vorhandene restliche Wasser sparsam geteilt werden. Der Durst war allen anzusehen.

Durst ist eine natürliche Reaktion des Körpers und weist auf einen Mangel hin. Diese Reaktion und diesen Mangel kann ich nicht einfach übersehen, ignorieren. Es könnte tödliche Folgen haben. Solch einen Mangel kann ich auch an anderen Stellen in meinem Leben erleben. Lebensdurst nach Geborgenheit, Anerkennung, Perspektiven oder nach Zielen, die ich nicht habe.

Die Werbung und Konsumgesellschaft fährt voll drauf ab. Täglich bekomme ich das um die Ohren geknallt, was ich in meinem Leben noch alles brauche, um noch glücklicher, schöner, cooler, kultiger, witziger, eindrucksvoller, anerkannter, wichtiger zu sein. Ständig Winterschlussverkauf. Dafür wird teuer bezahlt.

Jesus sagt: Du bekommst lebendiges Wasser – und das auch noch umsonst! Ein Wasser, das in dir zur Quelle wird. Nicht außen, sondern in dir soll Leben sein. Das dich zur Ruhe kommen lässt. Du musst nicht allen Optionen, allen Angeboten, hinterher rennen. Die Mutlioptionsgesellschaft zerfasert den Geist des Menschen.

Jesus, die Quelle in mir, lässt mich zur Ruhe finden, ganz hier zu sein, souverän, gelassen.

Denn das Leben wird immer nur jetzt gelebt.

Der Augenblick mit Jesus ist die anspruchsvollste Zeit meines Lebens.

Hier schöpfe ich aus den inneren Kräften. Einige Stunden der Besinnung, damit das Wasser wieder fließen kann.

Wasser des Lebens umsonst empfangen:

Nur da – sein.

Danke sagen.

Jetzt in seiner Gegenwart leben.

Denn das Leben wird immer nur jetzt gelebt.

Verzeichnis der Bibelstellen

Stichwortverzeichnis